人际关系

心理学

鲁芳 著

台海出版社

图书在版编目（CIP）数据

人际关系心理学 / 鲁芳著 . -- 北京：台海出版社，
2024.1

ISBN 978-7-5168-3745-0

Ⅰ . ①人… Ⅱ . ①鲁… Ⅲ . ①人际关系学—社会心理
学 Ⅳ . ① C912.11

中国国家版本馆 CIP 数据核字（2023）第 235703 号

人际关系心理学

著　　者：鲁　芳

出版人：蔡　旭　　　　　　　封面设计：尚世视觉
责任编辑：魏　敏

出版发行：台海出版社
地　　址：北京市东城区景山东街 20 号　　邮政编码：100009
电　　话：010-64041652（发行，邮购）
传　　真：010-84045799（总编室）
网　　址：www.taimeng.org.cn/thcbs/default.htm
E - m a i l：thcbs@126.com

经　　销：全国各地新华书店
印　　刷：三河市祥达印刷包装有限公司
本书如有破损、缺页、装订错误，请与本社联系调换

开　　本：710 毫米 × 1000 毫米　　1/16
字　　数：190 千字　　　　　　印　　张：12
版　　次：2024 年 1 月第 1 版　　印　　次：2024 年 1 月第 1 次印刷
书　　号：ISBN 978-7-5168-3745-0

定　　价：59.80 元

人际关系是我们每个人生活中的重要内容，人际交往的匮乏不仅会导致一个人离群索居，孤独自闭，无法体验到社会生活的乐趣，影响事业发展，还会影响一个人的身心健康。很多人对人际交往有恐惧，无法自如地开展社交活动，担心自己在社交场合出糗，遭受他人的嘲笑和非议。那么，如何才能提高我们的人际交往能力，让自己轻松自在、游刃有余地参与社交活动呢？如何在人际交往活动中赢得他人的好感，建立良好的自我形象，改善和拓展自己的人脉呢？懂点人际关系心理学，相信会给我们很大的帮助。

　　要想正常地融入社交生活，首先需要正视自己、了解自己，不管是自己的优势还是劣势，不管是自己身上的闪光点还是阴暗面。你知道为什么自己对人际交往感到越来越恐惧，越来越无能为力吗？难道是自己天生自闭，不适合社会交往吗？心理学家用"习得性无助效应"为你解释其中的心理机制。你知道为什么在社交场合下，他人一个期待的眼神，一丝友善的微笑就能让自己信心大增，瞬间放松吗？心理学家用"罗森塔尔效应"为你解读其中的奥秘。你知道为什么自己眼中的交往对象都那么挑剔、傲慢，甚至充满敌意吗？其实，你对别人的印象就是自己在镜子中的投影，让心理学家用"投射实验"来为你解释其中的奥秘吧！

要想成为社交达人，首先要管理好自己的情绪和心态，并照顾到交往对象的情绪。心理暗示对改善自己的情绪和心态有着怎样神奇的作用？当我们"谈"兴大发，对着交往对象喋喋不休的时候，有没有考虑到对方的感受？心理学家提醒我们：此时"超限效应"可能已经在起作用了！

为了给他人留下良好的第一印象，我们应该掌握哪些心理策略？为了在短时间内了解我们的交往对象，我们有哪些心理学工具可用？为了建立良好的人际关系，我们应该懂得哪些心理技巧？为了有更好的职业前途，为了经营好自己的感情生活，我们又应该学习哪些心理学知识？如果你对这些问题感兴趣的话，就请翻开这本书，慢慢阅读其中的章节吧。书中除了包含心理学常识，还有一些笔者经多年研究总结出的心理效应。读完本书，相信读者总会有所收获，在人际交往中如鱼得水，获得更成功的人生。

目 录

第二章　了解自己，从情绪开始

第三章　管理心态，做最好的自己

第二编　人际交往必备的心理工具箱

第四章　首次会面必知的心理常识

第五章　获得好人缘的心理技巧

第六章　了解他人的心理工具

第三编　行走职场的心理自助课

第七章　人在职场必修的心理课

第四编　守护感情的心理学

第十一章　知己知彼，方懂爱情

第十二章　怎样经营一份感情

01

第一编

走近心理学，遇见最真实的自己

第一章

走近心理学，认识你自己

在人际交往中，人们之间可以互相影响、互相作用。本章将介绍一些与人际交往有关的心理常识，希望通过这些小故事让你明白，心理学在人际关系中的重要作用。

不要让坏情绪影响其他人——波纹效应

　　语文课接近尾声，按照惯例，到老师布置家庭作业的时候了。只听老师像往常一样将家庭作业滔滔不绝地列出来，几个平时不是很爱学习的孩子开始不耐烦了，因为他们觉得作业太多了，于是就站起来大声说："这作业也太多了吧，每天都写不完！"老师刚想说什么，可没想到的是，教室里很多学生接连附和："是啊，这么多！""对啊，每天都写到很晚。""少点吧，太多了。"……一时间，教室里像煮沸了的开水。万般无奈之下，老师只好将当天的作业量减少了。

　　心理学上把这种现象叫作"波纹效应"。好比在平静的水面上投下一粒石子，波纹由最中间开始慢慢向周围扩展，荡起层层涟漪。这样的心理效应在生活中很常见，比如一部电影的好坏，如果有一个人在评论里说："很好，值得一看。"想必看过这种评论的人都会带着"值得一看"的心理去观看，这样对这部电影的评价从一开始就已经定型。一个人说好，两个人也说好，大家纷纷觉得不错，那么，就算这部电影里有什么不好的地方也会被模糊掉；相反，如果是不好的评论，激起的便是消极的"波纹效应"。这其实也在从另一方面提醒我们：当自己的情绪不好时，不要随意抱怨或发泄，它就像是感冒，一传十，十传百，这样周围的人都会感染上这种"疾病"。

不要以偏概全——晕轮效应

曾经在俄国文坛上辉煌一时的大文学家普希金，在与当时号称"莫斯科第一大美人"的娜塔丽娅第一次会面时，就无可救药地爱上了她。这位貌若天仙的女人很快就被普希金征服，并且与他结婚。这位女子尽管美丽，却与普希金没有任何共同爱好，她不支持他写作，每天只是央求普希金带她去各地游玩，并参加一些比较豪华的派对。普希金放弃写作，去陪妻子玩乐，最终不仅欠下大笔债务，还因与情敌角斗而把命也搭上了。这颗文坛上的巨星就这样过早地陨落了。这位美丽的妻子，无论她有多么任性、多么无理取闹、有多少缺点，但在她美丽的光环下，普希金早就看不见了。

实际生活中，这种现象也很常见，正所谓"一白遮百丑"就是这个道理。一个五官不怎么好看的女孩，只要整体看上去白白嫩嫩的，就不会被认为是丑女；一个人身上尽管有再多的缺点，只要有一个优点是被认可的，那么这些缺点就会立即缩小，或被掩藏起来。我就经常听到一些人说："某某这人不怎么说话，见人也不会打声招呼，但脾气好，你说什么他都是笑笑就过去了，从来不会与你争。"类似的情况还有，许多比较保守的长辈都不看好那些衣着古怪、生活习惯不健康的年轻人，觉得这样的打扮、这样的生活习惯都是没出息的表现。

这种心理现象在心理学上叫作"晕轮效应"，即人际交往中，某个人身上所表现出来的一个特质，掩盖了其他方面的特质，于是造成人际认知上的障碍，不能彻底地看清楚一个人的本质。这在日常的生活中往往影响着我们对事物或人本身面貌的认知，它是一种以偏概全的主观心理臆测现象。首先，它容易犯"以点代面"的错误，只抓住个别特征推及一般性；其次，它容易犯绝对化的错误，不好就全部不好，要好就全部好；最后，它还容易将本无关联的两类事物强行拉到一起。所谓"透过现象看本质"，就是要求我们尽量克服这种心理所带来的负面作用。

懂得正视自己——耶克斯‐多德森定律

又到了一年一度的高考，考场外围着很多考生家长。殷佳也是这次考试的考生之一。在妈妈的陪伴下，她很早就来到了考点，现在已经进了考场。妈妈在门外静静地等待着，她不担心女儿会考不好，因为依照她平时的成绩，只要按正常水平发挥，读个一本大学是没有问题的。

考场里，殷佳正在做着试题。其实这次考试对殷佳来说很重要，因为这已经是她第二次参加高考了，如果再考不好，不仅对不起自己，更对不起起早贪黑为自己料理起居的妈妈。想到这里，她的脑海里划过一些不好的情绪，人人都说高考是人生的转折点，要是还考不好……一时间殷佳的思绪乱了，眼前的题目变得越来越难，于是越着急就越是想不出答案。最后，时间一点点过去了，到铃声响起，殷佳神色疲倦地走出了考场。自认为考得不好的殷佳在接下来的几场考试中也没有发挥出应有的水平。

实际上，殷佳的这种情况可以用心理学理论中的"耶克斯‐多德森定律"来解释，即随着课题难度的增加，动机最佳水平呈现逐渐下降的趋势。这是心理学家耶克斯‐多德森通过动物实验得出的结论。也就是说，故事中殷佳的情绪如果正常，那么她发挥的会是正常水平；如果在带有轻度紧张与兴奋的情况下，那她很可能就会发挥出超常的水平，因为适度的紧张情绪会促进能力的临场发挥，使智力活动达到最佳效果；但如果是过度的紧张与压力，就会引起焦虑、心理疲劳、精神压抑等心理现象，致使她最终不能正确地评价自己，从而降低了活动的效率。这就启示我们：拥有一个健康的心理状态，首先一定要克服的就是焦虑的情绪。只有正确地评价自己，才会在关键时刻让自己的能力正常发挥出来。

保持健康的心态——习得性无助效应

心理学家塞里格曼和他的伙伴奥弗米尔，曾经在研究人类心理现象中做过大量的实验。后来根据这些实验的理论，不少心理学家都做过类似的研究，其中就包括一个比较有趣的实验。

他们将一条狗关在一个笼子里，四面封闭，实验中不停地用电棍电击这条狗，起初的时候狗会努力躲避，但是不管它如何努力，最终都逃不过电棍的无情电击。反复多次之后，当实验者将笼子的门打开，表示狗可以出来的时候，只见这条狗的眼里流露出空前的沮丧与压抑，情绪明显很失落，已经无力再做逃脱的行为了。

这是因为，多次的躲避无效后，狗的心里就产生了一种无望感，无论自己怎么努力都不能摆脱"厄运"，更加不能控制这种"厄运"，索性就任凭"厄运"摆布了。

这个实验结果在心理学上被称为"习得性无助效应"，实验中的心理现象被称作"习得性无助心理"，人一旦产生了这种心理就会陷入深深的悲观与绝望之中。

现实生活中，很多人在面对外界的压力、困境时，无力反抗，不能做出有效的形势逆转措施，久而久之便会产生悲观心理，认为一切都是命运，凭借自己的力量不可能改变这种外界的控制，进而形成了一种无助感，即使有能力时也不想再去做无谓的努力。

孩子天生是爱动的，对于外界的新鲜事物总是忍不住想尝试一番，这种希望尝试的心理在他们有了行为控制能力之后，会表现为渐渐向感兴趣的事物爬去或伸出手去，但是这个时候，如果大人严加阻止，并告诫说"不能……""不准……"，时间一长，孩子的心里会产生某种对新鲜事物的恐惧感，即使再有兴趣也强制自己不要去"乱碰"，他们最终也许会成为父母眼里的"乖乖女""好孩子"，但是自卑已经在无形中产生了。

因此，这个实验告诉我们，在学习、生活的过程中，应该保持一份健康的心态，要看清事情的真正决定因素，不要轻易地将自己扔进绝望之中。把眼光放远，不仅可以看清眼前的现象，还可以透过现象把握事情的真相。

什么样的性格，什么样的世界——性格投射实验

电影《代罪羔羊》中有一对双胞胎姐妹，两人虽然长得很像，但是在性格上却存在很大的差异，姐姐老实善良，妹妹却阴险狡诈。一次妹妹杀了人，想逃脱法律的制裁，于是找姐姐做替罪羊。虽然有录像作为证据，但是由于二人长得实在是太像了，根本无法辨认，因此，案件一度处于迷离状态。

就在警察一筹莫展之际，一位心理学家为他们解开了谜团。心理学家要求姐妹俩分别接受一项测验——罗夏墨迹测验：有五张黑白和五张墨迹加色彩的图像，实验时检测人员出示一张给接受测验的人，并要求对方将在图片中看见的以及由此所联想到的东西如实说出来。结果，就是通过这个实验，真相才得以大白。

"投射"一词在心理学上表示的是一个人的内心世界包括他的思

想、性格、情绪等是怎样的，那么他所看见的世界就是怎样的。这就启示我们：一个人有什么样的性格就会用什么样的眼光来看待这个世界，而他眼中的世界在很大程度上影响到他的所作所为，所以，如果你希望世界是美好的，那就用美好的眼光去看待它，用善意的态度去对待它。

那些埋在童年里的性格——种子效应

海伦与大卫已经交往了三年，在这三年里，他们分分合合好几回，原本以为只要过了磨合期一切就会好起来，但是就在最近的一次争吵中，大卫下定决心和海伦分手了。因为他知道，海伦需要的爱是自己永远都给不了的，她的要求就像是永远都无法填满的黑洞。

分手后，极度伤心的海伦在朋友的劝解下咨询了心理医生，希望医生可以帮她找到答案。听了海伦的一番陈述，医生又要求她将自己的童年经历说出来，然后医生意味深长地说，现在的海伦正是在爱情中寻找她在童年时代所缺失的东西——全心全意的关注，但是长此以往，即使彼此再相爱，对方也无法承受这份厚重的压力。

原来，童年时期的海伦有四个弟妹，她是家里的老大，因此在生活上，父母总是很少理会她，而将更多的精力放在了弟弟妹妹们的身上。也许在父母眼里海伦懂事又听话，是不需要操心的，于是就冷落了她。但是这让渴望得到关注与疼爱的海伦自小就蒙上了心理阴影。

这个小故事其实在日常生活中是很普遍的。一个人在童年时期的经历会严重影响到他的性格的形成，正所谓，童年时埋下的种子会渐渐生根发芽，直至长大后开花结果。这在心理学上被认为是童年的"种子效应"。童年时越发渴望得到而得不到的，会在不知不觉中像一粒小小的种子被埋在心灵的最深处，长大以后就会在生活中追寻那些曾经自己想要而未得到的东西。这就启发我们：要给予还处在童年时期的孩子们更多的关注和疼爱；要正视那些童年时期缺失的及现在已经形成的性格缺陷。我们可以要求补偿，但不能过分苛求，那样只会令自己更加痛苦。

学着真正坚强并快乐起来——双重效应

温斯顿·丘吉尔的父母没有把更多的关心传递给他，当看见别人家的孩子都有父母全心全意的照顾时，丘吉尔的内心便更加孤独无助了。再加上自己生来身材瘦小，在同学们面前也没有自信，因此他幼小的心灵变得格外脆弱与孤独。可是越是这样，他就越是想要掩饰自己的内心，即使在人群中自己显得那么孤僻与不合群，固执的丘吉尔还是会假装很合群，不过有时候也会有一些过于偏激的表现。

直到父亲病危时，他对丘吉尔说："我知道你为什么总是如此固执强硬，假如我和你的母亲给你多一点关心，或许你就不是现在这个样子了。"丘吉尔听完后流下了泪水，从此他便决定改变自己，不再做软弱自卑的人。他要让自己不仅有强悍的外表，还要有坚强的内心。就这样，在不断努力之下，他终于步入政坛并很快晋升为内阁大臣。"二战"时期，英国遭到德国的侵略，丘吉尔挺身而出，终于成为英国历史上有名的首相，同时也为自己谱写了一部传奇。

这种现象在心理学上被称为性格的"双重效应"。人们往往在自负、强悍的外表下掩藏的是一颗脆弱而柔软的心，正如自信的背后隐藏的是自卑，快乐的背后潜伏的是悲伤。双重性格是生活中普遍存在的一种负面性格特征，它严重影响人们的情绪。

这个故事启示我们：给需要关心的人关心，给需要保护的人保护，不给双重性格形成的机会；每个人都会有自己的烦心事，都会有脆弱的内心，但是，懂得正视并努力克服的人会获得更多的快乐，获得更多改变命运的机会。

宽容他人，解救自己——性格宽容效应

三国时期的关羽过五关斩六将，水淹七军、单刀赴会，可谓勇猛无敌，但是他有一个致命的弱点，那就是过于偏激固执，刚愎自用。受刘备重托留守荆州之时，孙权派人前来为自己的儿子向关羽提亲。关羽大怒，未从大局出发，仅凭个人好恶处理问题，并以恶言伤人，从而导致吴蜀联盟破裂，最终败走麦城，被俘身亡。

而同时代的周瑜，不但风流倜傥，还文武双全，在著名的赤壁之战中击败了自傲清高的曹操，正所谓"谈笑间，樯橹灰飞烟灭"，但是他性格上的缺陷——心胸狭隘，致使他最终败给了诸葛亮，并且发出"既生瑜，何生亮？"的感慨，落得英年早逝的下场。

关羽和周瑜的个性缺陷有着相似之处，都缺乏宽广的心胸和待人接物的宽容态度。心理学上有个概念——性格宽容效应，宽容心理可以化解生活中的很多难题，个性宽容的人与周围的人相处得更融洽，生活也更快乐。

古希腊神话中有个叫海格力斯的英雄，有一天当他走在一条坎坷不平的路上时，忽然发现脚边有一块鼓鼓的东西，看上去不仅很不好看，而且觉得很碍脚，于是不满的海格力斯就狠狠地踩了一脚。没想到这一踩不要紧，这个东西竟然越发膨胀起来，性情急躁的海格力斯更加愤怒了，便抄起身边的木棍向那个东西砸去。结果，前方的路被

这个越来越大的东西给堵死了,海格力斯再也无法前行。就在这个时候,一位智者走了过来,告诉他,这个东西叫作怨气,你越是动它,它就越是膨胀,并会和你对抗到底,但是只要你不去理它、忽略它,它就会渐渐缩小,甚至消失。

"性格宽容效应"给我们的启示:宽容是美德,宽容别人的同时也是宽容自己,它会给宽容者铺就平坦宽敞的大道,帮助人们走向成功。

困境中的心态——态度效应

很多年以前,有三名瑞典人从瑞典的斯德哥尔摩出发,驾驶着他们的雪橇,一直向北进入北极圈,由此开始了他们跨越极点的旅行。此时正值北极的夏季,极地始终是白昼。

开始时三个人都很开心,对此次旅行充满了期待与自信。但是事情远非他们想的那样简单,到了第五天的时候,大约距离极点还有300千米,天气忽然发生了变化,鹅毛大雪夹杂着大颗的冰粒,伴随着寒风越吹越甚。

这场寒风使他们寸步难行,无奈之下,他们只好停下来,躲在帐篷里面休息。但没想到的是,这一休息就是一个星期,而且风雪丝毫也没有停下来的意思。眼看储粮已经不多了,三个人都想,如果再这样下去,不但成功不了,甚至连回去的希望都没有了。

这时其中的一个人说:"就算现在天气好转,剩下的储粮也不足以供我们成功跨越极点了,再加上这种鬼天气,我看我们只有死路一条……"另外一个人点点头表示赞同:"我看也是,如果天气还没有好转,明天我们就返程。"但是第三个人不这样认为:"如果明天天气好转,剩下的储粮不够,我们可以在途中猎捕一些动物,这样其实足够了。况且现在是夏天,再遇上这种天气的可能性几乎为零。"其他两个人都没有吭声。

第二天，天气果真好起来了，可是那两个失去信心的人再也没有勇气前行了，只有第三个人还是坚持着。三个人将剩下的储粮分成三份，那两个认为这次旅行无法成功的人按原路返回，而第三个人则独自上路了。就这样，在接下来的几天里，天气晴朗，再也没有大规模的风雪天气出现，第三个人依靠剩下的储粮，再加上猎捕的食物，最终成功跨越了北极。

心理学上把这种在困境中不同的心理态度定义为"态度效应"，在相同的困境下，态度积极的人会获得比一般人更多的成功的机会。故事中的三个人在困境中表现出的不同态度其实是由各自的性格决定的，性格便是你对待生活、对待困境的态度，所以说，性格决定命运。

赞美和期待的力量——皮格马利翁效应

在一个古老的部落里，有这样一个传统：年轻人想要结婚，先要学会一项本事——抓牛。将抓来的牛送给女方的家庭作为聘礼。聘礼最少是一头牛，最多是九头牛。

一天，一个年轻人来到酋长家里，告诉酋长说："我愿意用九头牛作为聘礼，迎娶您的大女儿。"酋长以为自己听错了，因为在他看来，自己的大女儿太平庸了，根本就配不上这份贵重的聘礼，而自己的小女儿聪明美丽，这个年轻人一定是搞错了。

酋长诚恳地说："迎娶我的大女儿，一头牛就够了。你愿意用九头牛作为聘礼，那就迎娶我的小女儿吧！她才配得上你。"但出乎他的意料，年轻人坚持要娶他的大女儿。酋长无奈之下，只好同意了年轻人的请求。

大女儿出嫁一年后，一个偶然的机会，酋长来到大女婿的家里，恰好赶上一场热闹的聚会。酋长看到，很多人围在一起，痴迷地看着一个美貌的女子唱歌跳舞。他困惑地问道："这个美丽的女人是谁啊？"大女婿恭敬地回答说："她就是您的大女儿啊！"

酋长简直不敢相信自己的眼睛。大女婿告诉他："您没有发现她的美丽和潜质，认为她只值一头牛。而我相信她值九头牛，且以这样的价值来珍爱她。所以，她在我身边发生了脱胎换骨的变化，变成了我期待的样子。"

这在心理学上被称为"皮格马利翁效应"，也称为"罗森塔尔效应"。这是美国心理学家罗伯特·罗森塔尔在 1968 年提出的理论，是指人的心态容易受到自己所喜欢、信任、崇拜的人的暗示和影响。传说，古代的塞浦路斯国王皮格马利翁痴迷于雕塑。一次，他用象牙雕了一个美丽的少女。这尊雕塑太完美了，皮格马利翁竟然爱上了自己雕刻的少女。他每天深情地凝视着雕塑，期盼它有一天能获得生命，成为自己的妻子。后来，在爱神阿佛洛狄忒的帮助下，雕塑活了，皮格马利翁梦想成真。

皮格马利翁的故事启示我们：人们的赞美、信任和期待具有一种神奇的力量，它们能改变被赞美和期待者的思想和行为，让他获得自尊、自信和进取的动力，以满足这种期待，从而不让信任自己的人失望。正如丘吉尔所说："你希望别人具有怎样的优点，你就怎样去赞美他。"所以，当我们对他人抱有期望的时候，赞美和期待比批评和指责更能激发他的潜能。

第二章

了解自己，从情绪开始

你了解你自己吗？当身心健康遭到威胁，当人际
关系变得紧张，当工作效率变得低下，甚至个人家庭
幸福出现危机的时候，你可以找到真正的原因吗？

心理学家研究证明，实际上，情绪才是罪魁祸首。
只有管理好情绪，才能保持健康的心态，才能建立和
谐的人际关系，家庭幸福才能得到保障。

本章将帮助你了解一些关于情绪的小常识，为你
揭秘究竟是哪些原因引起了你情绪上的波动，它们是
如何成为你健康生活的杀手的。当遭遇坏情绪时，是
置之不理，任其发展，还是采取措施及时调节？

情绪的晴雨表——天气定律

周一上班，还沉浸在睡梦中的余娜昏昏沉沉地起床，洗漱一番后赶忙背起包出门，不料半路上竟然下起了雨。慌慌张张出门的余娜根本就没来得及拿伞，于是三步并作两步奔向了地铁口。"真是的，这时候下雨！"到办公室的时候，余娜一脸疲惫，情绪明显很低落。同事问："怎么大周一的就愁眉不展的啊？"余娜放下包，掏出面巾纸一边擦着衣服上的水珠，一边说："别提了，看见这鬼天气就让人心烦。"

其实在生活中有很多人遇到阴雨天气时都会不由自主地情绪低落，而在天气晴朗的时候，心情也会像阳光一样灿烂。心理学家研究发现，一些生活在严寒地区的人，长年在寒冷空气包围下，阴郁、低落的情绪也会如影随形，他们大多易于疲乏、贪睡、脾气暴躁等。心理学家的解释是，这与当地缺乏充足的阳光有一定关系。天气影响心情，不能简单地用多愁善感来解释，这种现象在心理学上被称为"天气定律"。

不光是阳光，温度的高低、冷暖也是一大因素，它们不仅会影响到人们的心情，还会在生理上造成一定的强烈反应，如失眠、健忘、神经质、虚弱、无食欲、偏头痛，有的人甚至还会腹泻，这些都是情绪亚健康的表现。

因此在遇到不好的天气时，要适当地给自己调节，只有找出情绪低落的根源，才能适当地进行调节。

智商影响情绪——高智商效应

有两个年龄相仿的女人，从小一起长大，毕业后一个留在了家乡，过着春耕秋收、四时芒种的生活；另一个则背井离乡，生活在用钢筋水泥围筑起来的现代都市，在一座座高耸入云的大厦间进进出出。她们约定，十年之后的春节要再次见面，将各自的收获与对方分享。

日子一天一天地过去了，她们都在为生活忙碌着，十年的时间对她们来说似乎很久，但是又好像很短，因为谁也没有做好见面的准备。但是，春节回乡探亲的女人还是在一次酒席上意外地见到了分别十年的老友。令她惊讶的是，原本以为在家忙前忙后、出入在厨房与农田间的女人会面黄肌瘦、愁容满面，但事实刚好相反，她不仅开朗健谈、体态丰满，而且有了一个幸福的家庭。酒席上，她没敢和老友说话，老友似乎也没有认出她来。回家后，女人看着镜子中面黄肌瘦的自己，愁容满面，不禁觉得可笑。但是，这一切似乎从一开始就已经注定了。

故事中，两位女主人公最明显的差异其实并非面容，而是她们的情绪。那个生活在乡下的女人并不见得比每天工作在写字楼里的女人清闲，但是她活得更加开心。心理学家认为，情绪其实会受智商影响，通常在相同的一个时间段内，头脑聪明的人会发现十件烦心事，而头脑简单、不太聪明的人就会少发现一件。前者一般会给自己过高的责任与压力，关心的范围更广，而这都将带给他们更多、更紧张的情绪。相反，那些知足常乐、头脑简单，甚至比较愚笨的人却能够享受当下的生活，不会轻易被小事所牵绊，这样才不会在情绪上引起太大的波动。情绪好的人自然就活得比较轻松，他们所获得的是无价的财富。

因此，在生活中，应懂得给自己定位并将情绪加以支配，学会适当"笨拙"，做好自己情绪的管理师，高智商的人一样可以从迷惘中解脱出来，获得当下的幸福，而不是一直在情绪的泥沼中越陷越深。

伤害的其实是你自己——情绪效应

有一天清早，死神来到了一座城市，被早起的智者看见了，于是智者就问死神："你将要做什么？"死神平静地回答："我将要在这座城市里带走100个人。"智者听完顿觉惊悚："太可怕了！""但这是我的工作啊，我必须得做。"说完死神就向智者告辞了。智者觉得死神要带走这么多的人，这的确很可怕，于是就抢在死神的前面将这个消息告诉了大家。然而，当天跟着死神离开的却有1000个人。智者感到十分愤怒："你为什么说谎，不是说只带走100个人吗？现在竟然有1000个人被你带走了！"死神听后，依旧很平静地说："我带走的只有100个人，可是焦虑和恐惧的情绪却带走了其他的人。"

相传在非洲大草原上有一种动物叫吸血蝙蝠，由于体型较小，行动敏捷，因而能够轻而易举地停留在任何奔跑在草原上的动物身上，并吮吸它们的鲜血。它们最常袭击的对象——野马，往往在受到袭击之后就会不停地狂奔，在奔跑的过程中，有的便不知不觉地死去了。心理学家认为，其实蝙蝠吮吸的鲜血并不足以使野马致死，令它们死去的原因是被袭击时所产生的恐惧心理。可见，恐惧、焦虑就像死神一样，会将这种情绪的主人带离世间。这便是心理学上的"情绪效应"。

在实际的生活中，这种效应无处不在。一个人在生活中难免遇到不顺心的事情，假如不能宽容，在胸中积怨成怒，大发脾气，则会危及健康。医学上认为，脾气不好的人是很难长寿的，因为一件芝麻大的小事而大动肝火，严重时还会引发生理疾病，想想真的很不值得。

避免情绪的大幅波动——心理摆效应

有一个小男孩总是和村里的小孩起冲突，每次放学回家，爸爸都会在小男孩的身上发现多处伤痕。父亲看着这些新伤旧伤，真的不忍心再责备他了，于是他压住心里的怒火，诚恳地对儿子说："孩子，爸爸小时候也像你一样，但是爸爸后来发现了一个很有用的方法，不但不再与小伙伴们打架了，还和他们成了好朋友。你想不想知道这个好方法是什么？"小男孩抬起满含泪水的眼睛，问："爸爸，是什么方法这么神奇？"于是爸爸就告诉小男孩，以后如果感到很生气想要发泄的时候，就先在心里数十秒，如果到时候还是那么生气，再向对方发泄也不迟。小男孩照做了，并且令他感到神奇的是，每次数完十秒，自己就根本不想再发脾气了，这样与伙伴们的争执也越来越少。后来，他真的开始和伙伴们一起上学放学，关系变得很要好。

其实爸爸的方法在心理学上被称为"心理摆效应"，就是说人的情绪像钟摆一样，会朝着相反的方向转化。相传，在古老的西藏有一个叫爱地巴的年轻人，每次只要和别人生气或发生争执都会掉头跑回家去，然后在自己家的屋子、田地周围跑上三圈。随着爱地巴家的房屋越来越大，田地的面积也越来越大，每次绕圈跑都会将爱地巴累得气喘吁吁，但是爱地巴从来都没有放弃这个习惯。后来，爱地巴老了，当某天他实在忍受不了争吵时，便拄着拐杖绕着房屋和田地慢慢地走三圈，这个时候，天已经黑了，而他的心情也好了许多。

爱地巴有个可爱的孙子，他见爷爷这么大年纪还这样，便奇怪地问："爷爷，为什么你心情一不好就要绕着咱家的房子走？有什么秘密吗？"爱地巴爬满皱纹的脸上露出了笑容。他说："在我年轻的时候，只要和别人生气，我就会绕着房屋和田地跑上三圈，一边跑着，一边在心里想'我的房子这么小，土地这么少，哪有闲工夫与别人生气呢，还不如将时间用在有实际意义的事情上'，于是我就努力地劳作；当我年纪大了的时候，房子也慢慢大了起来，土地也变多了，这个时候如果生气，我还是会绕着它们跑三圈，一边跑着，一边在心里想'我的房子这么大，土地这么多，为什么还要和别人生气呢'，于是，也就不再生气了。"

"心理摆效应"的故事告诉我们，人在面对外界刺激的时候，难免会受影响，造成情绪上的大幅波动，有时甚至会因此而做出某些过激行为，但是我们要学会克服这种心理，避免情绪上的大起大落。

找到发泄情绪的适当途径——霍桑效应

美国《读者文摘》中曾经刊载了这样一则小故事：某天深夜里，一个医生接到一个令他当时很郁闷的电话，电话那边传来的是一个陌生妇女的声音，还没等医生开口，对方就说了一句："我恨透他了！"医生不明就里地问："他是谁？""他是我的丈夫！"医生更加迷惑不解了，又问："请问你是需要什么帮助吗？这里是诊所。"但是那位妇女好像并没有听见似的，接着说："我一天到晚要忙活家务，还要照顾家里的四个孩子……"医生觉得很突然，就很礼貌地打断了女人的话："对不起，我想你是打错电话了。"可是电话那边依旧是女人声音沙哑的控诉："他以为我在家就是享清福，有时候我想出去透透气、散散心，却遭到他的反对，说我想撇下孩子不管，可是他自己每天晚上都出去，到深夜才回来，说是有什么应酬！"女人叹了口气，"什么应酬！鬼才相信！……"电话这边的医生没有再打断女人的话，而是一直听下去，直到女人最后说："对不起，我知道您并不认识我，我也不认识您，但是这些话我憋在肚子里很久了，感觉十分压抑，现在我向您说出来，感觉一下子轻松了很多。谢谢您，打扰您了，抱歉。"然后妇女挂掉了电话。

这在心理学上被称为"霍桑效应"。霍桑是美国芝加哥郊外的一家生产电话交换机工厂的名字，该厂有良好的生产条件，但是员工的工作热情并不是很高，造成生产效率长期低下，于是一个在心理学上很著名的"霍桑实验"就产生了。通过实验，该厂得出一个结论：生产效率的高低是由这些员工的工作精神状态决定的。于是该厂采取了提高员工精神状态的措施，让他们将自己内心的情绪加以发泄，这才渐渐提高了生产效率。

"霍桑实验"给我们的启示：现实生活中，每个人都会有无法被满足的意愿，并会由此产生不满、得过且过，甚至自暴自弃，情绪是个可怕而又无形的精神杀手，一旦发觉，就要想办法寻找出口，加以宣泄，而不是过分地压制，当然情绪的宣泄并不是你随意抓来一个人就可以把他当作"出气筒"，更不是将自己的不良情绪传染给他人，而是要找到最适合自己的宣泄方式，比如倾诉，或者是转移注意力。用音乐、文字、旅游等形式改变现在的心理处境，不仅有益于身心健康，更加保证了正常的家庭生活和事业的发展。

准确给自己定位，避免情绪偏差——自我暗示效应

某小学在开学的时候，对每一个入学的学生都进行了一次智力测验，并按照测验的结果将这些学生分别放在了重点培养班和普通班。

后来，在每次的考试中，普通班似乎总是让老师们失望，成绩远远落后于重点培养班。但是，在一年之后的一次校务检查中，老师们发现了一个令人惊叹的消息，原来当初的智力检测结果被粗心的实验人员弄反了！这不禁引起了在场所有人的思考：智商高的孩子怎么就成了落后生，而那些被安排在重点培养班的普通孩子居然成了优等生。

心理学家对这种现象做出了解释：重点培养班的孩子们因为受到了"优等生"的关注，从而在潜意识里会有某种心理暗示，并朝着"优等生"的方向发展；而被错放在普通班的高智商孩子们，却受外界眼光的影响，无时无刻不在暗示自己智商低，久而久之，当然不会在学习上取得成绩。由此可见心理暗示对个人发展的重要性。这种心理效应在心理学上被称为"自我暗示效应"。生活中很多人都会受到来自外界信息的暗示，很容易出现对自己认知的情绪偏差，因此，每个人都应该清楚地、准确地认识自己，不要让情绪受到外界的影响。

情绪的极限——超限效应

有一个很贪玩的初中女孩，由于迷上了网络上的劲舞团游戏，每天下午放学之后都会泡在网吧里不回家，并常常玩到深夜。因此，她每次回家之后都会遭到母亲劈头盖脸的责骂，还说以后再这样就不准她上学了。谁知道，这个女孩非但没有听进去，还逃起了课。某天深夜，她照样很晚才回家，结果当天开门的是父亲。令女孩更加意外的是，父亲并没有责怪她，只是淡淡地说了一句："你真的让我很失望。"然后头也不回地走了。这一夜，女孩彻夜难眠。后来，女孩再也没有晚归过，而且学习成绩也有了很大进步。

美国著名作家马克·吐温有一次在教堂里听演讲。做演讲的是一位牧师。起初，他觉得这位牧师的演讲很精彩，于是决定多捐一些钱给他。但是时间慢慢地过去，马克·吐温感觉到了乏味，心想：讲得也不怎么样，干脆捐些零钱算了。而在又一个十分钟过去了之后，马克·吐温发现这位牧师的演讲水平简直糟透了，就这样好不容易到了演讲结束该捐钱的时候，马克·吐温一分钱都没有捐。

心理学上把这种现象叫作情绪的"超限效应"，即人类的机体会因为受到的刺激过多、强制过量过强、持续时间过久而引起情绪超限现象，从而导致不耐烦、逆反的心理状态。该效应启示我们："话说三遍淡如水"，凡事点到为止，过分强调与重复只会引起逆反心理，反而适得其反。

斩断坏情绪的链条——踢猫效应

丈夫在单位被上司狠批了一顿，回到家还是一肚子火，一个人一声不吭地坐在饭桌上。吃饭的时候，妻子见丈夫一脸不开心的样子，就特意夹菜给他。没想到丈夫非但不领情，还说："我自己没长手啊，夹什么菜，这菜做得越来越不像样了！"妻子见状立马僵住了笑容。坐在旁边的小君看在眼里，想帮妈妈解围，于是，便撒娇似的对妈妈说："妈，给我夹，我要吃那个。"一边说着一边将筷子指向离自己并不远的绿豆角。不料妈妈回头就给了小君一句："自己没长手啊，要吃自己夹！"而这个时候，窝在小君脚下的小猫朝小君叫了叫，不想竟被小君狠狠踢了一脚，小猫夹着尾巴就跑出去了。冲出门的小猫刚好迎面遇到马路上疾驰的一辆轿车，司机看见小猫，急忙转向避开，但没想到竟然撞到了路边的孩子。

这种现象在心理学上被称为"踢猫效应"。在美国洛杉矶的一位心理学家加利·斯梅尔做过这样一个实验：他让自己的两个性格完全相反的朋友在一起聊天，一个乐观开朗、生性活泼；另一个多愁善感，常常为了一点小事就郁郁寡欢、愁肠百结。一个小时后，当加利·斯梅尔加入他们的谈话时，竟然发现那个乐观开朗的朋友已经开始唉声叹气起来了。

由此可见，坏情绪的传递就像一根永无止境的链条，如果我们一遇上什么不开心的事情，就不加选择地向自己的家人和朋友发泄，不仅会将不好的情绪传递出去，给他们带来困扰与伤害，还会严重影响到彼此关系的和睦。

将"最坏"进行到底——卡瑞尔公式

1951 年的一个早晨，在法国凯普里斯海岸，有一个名叫温妮的加拿大游泳选手在这个地方跳入了英吉利海峡。当时她已经是三个女儿的妈妈了，从跳入水中的那刻起她就不停地在与海浪、寒流进行着搏斗。她的眼睛被海蜇咬到了，疼痛难忍，四肢也被冰冷的海水泡到麻木，眼看就要坚持不下去了。

很多次，温妮都在与自己进行着激烈的思想斗争，并且做了最坏的打算：如果放弃，要么在海水中被淹死，要么在心底留下遗憾，既然如此还不如做最后的努力。可是后来，这两个设想并未发生，凭借着坚强的毅力和决心，温妮最终成了横渡英吉利海峡的第一个加拿大人。

这种心理在心理学上被称为"卡瑞尔公式"。纽约有一家水牛钢铁公司，工程师卡瑞尔接受了一项任务，并被派到密苏里州去安装一架瓦斯清洁机。一段时间以后，经卡瑞尔安装好的机器几乎可以运转了，可是他随即又发现，机器的质量远远没有达到公司的质量标准。在对自己感到无比懊恼的同时，他也想到了最坏的结果。首先，最坏的、最有可能出现的结果是自己丢掉这份工作，老板将这台不合标准的机器拆掉，并损失两万美元；其次，我丢掉这份工作以后可以再找一份比现在更好的工作，而我的上司，他也不会将这两万美元算在我的头上，我可以很轻松地离开；最后，在说服自己接受眼前的现实之后，卡瑞尔开始专心致力于机器的改进工作，不久之后，他终于发现，只要再花上 5000 美元，改进一些设施，问题就不存在了。

"卡瑞尔公式"启示我们：在面临困境的时候，可以做最坏的打算，但是如果想解决问题，就必须在精神上先接受它，说服自己不安的情绪，才能将所有的精力都放在问题的解决上，带着情绪做事是永远不会出成绩的。

及时调节情绪上的波动——蝴蝶效应

小王是一家公司的员工，最近因为与妻子闹不愉快，总是每天很晚才下班。他把自己关在办公室里，很久都不出来。细心的朋友都知道，其实是因为上个月的一次例会，经理在会上当众点名批评了小王，当天小王的情绪很不好，回到家后，妻子问话也不搭理，妻子便赌气似的不再和他说话。

本来心情就不好的小王根本没有心思像往常一样去哄妻子开心，而是在一阵大吵后摔门而出，然后喝闷酒去了，结果这一去就是一整夜，第二天直接去了办公室，也没接妻子的电话。晚上回到家后发现妻子已经收拾东西回娘家去了。

心情郁闷的小王也后悔自己太鲁莽了，但是一想，本来自己心情就不好，妻子非但不帮自己分忧，反而给自己徒增苦恼，真是很不懂事，走了也好，可以过几天清静日子。于是这些天，小王一直泡在办公室里，看似在埋头工作，其实心里早已郁结不已，几乎到了崩溃的边缘。

　　小王的这件事情其实是由经理的批评开始的，这是"引发点"，工作上的不顺导致情绪不好，回到家后情绪失控与妻子争执，而妻子的离开也让小王无法顺利地将消极情绪排解。这可以用心理学上的"蝴蝶效应"来解释。蝴蝶效应起源于南美洲亚马孙河流域热带雨林中的一只蝴蝶，每当它偶尔扇动一下翅膀，两个星期后，便很可能会在美国整个得克萨斯州掀起一场龙卷风暴。心理学将这种现象解释为一种因果性不鲜明的、区别于普通的连锁反应的情绪反常及行为。

　　人类的情绪就像是一滴水，即使再小，只要在雪坡上滚动，也会变得越来越大。承受现代生活重压的都市人，常常会在无形中遭受来自多方面的压力。"蝴蝶效应"启示我们：遭遇情绪问题，要及时进行调节，千万不要忽视情绪上的小波动，否则它就会像滚雪球一样，越滚越大，造成不可收拾的后果。

第三章

管理心态，做最好的自己

社交、沟通、说话，看似是很容易的事情，却令很多人心生畏惧。有些人一讲话就不自在，有些人一讲话就出错，还有些人说话虽然一套一套的，但缺少真诚，让人反感……

所以，在学习人际关系心理学之前，我们要先管理好自己的心态，做最好的自己。

心态的魔力

一天，一个小女孩在上学的路上遇见了雷雨天气，眼看着云层渐渐加厚，闪电一个接着一个，不久豆大的雨点落了下来。女孩的母亲很担忧，要是女儿走在树下被雷击中怎么办？她不敢再往下想了，于是赶紧启动车子去接女儿。当她沿着平日的小路一路开去的时候，便看见了不远处独自走在路上的女儿。奇怪的是，她竟然一点都不害怕，每次打雷时，她都会停下脚步抬头看看天空，然后微笑。母亲看了一会儿，便下车叫住她，问她怎么不赶紧回家，在这里磨蹭什么。小女孩依然不改脸上天真的微笑，说："上帝在给我照相呢，当然要笑啊！"

还有一个故事发生在医院。两位住院的老人长期忍受着病痛的折磨，一位老人说："床这么不舒服，周围这么多的人，吵死了！每天来看班的护士也不负责，牙也掉了一颗，但是从来没有人来关心……"听者都觉得老人很痛苦，她的这种情绪也不知不觉感染了去看望她的亲人们，于是他们觉得老人的病情也很不乐观；而另一位老人则说："在遭受病痛折磨的时候，居然还有人来照看我，并且得到医生和护士的精心医治和看护，我很感激。这里不仅床很舒适，环境也不错，尽管现在牙掉了一颗，但是很庆幸还没有影响到我的进食。"这位老人的亲人们每次来看望她时都感觉很轻松，也都尽力为老人家营造愉悦的氛围。

同样是面对电闪雷鸣的天气，在母亲眼里是担忧，是糟糕，是女儿被雷不幸击中的痛苦结局，而女儿却在自在地享受着上帝给她"拍照"。生活中的苦乐喜忧其实完全在于我们自身的感觉，若能转换心境，就连走在大雨里都是一种享受。第二个故事中的两位同样遭受病魔折磨的老人，之所以一个抱怨连连、消极悲观，另一个感激涕零、乐观向上，就是因为在困境面前两者所持的心态是截然相反的，因此，她们眼里的世界一个是冷漠的，另一个是温暖的。就像面对一个装有半杯水的玻璃杯，乐观者会说：幸好还有半杯水呢；而悲观绝望者会说：只剩半杯水了。

生活往往也是如此，一些在某些人看来很不如意的事情，在另一些人的眼里却是一种极大的满足。面对困境和挫折的时候，每个人都有权利选择该怎样去面对，可以抱怨、悲观消极，也可以感激、乐观向上，但是要知道，只有乐观才能有机会改变境遇，从而改变生活。

坦然面对生活中的起与落

她本来有一份成功的事业，大学毕业那年，她便开始投身于自己的事业，独自打拼了5年，终于开了一家真正属于自己的公司。30岁那年，她结婚了，对象是一个大她8岁的男人。嫁给他时，他还什么都没有，但不久之后他便成了某家公司的老总。一年后，她为他生了一个白白胖胖的儿子，然后就专心在家相夫教子。

上帝终究是垂青那些努力的人的，看似一切都完美无缺，可是一张化验单竟彻底改变了他们的生活——她被查出患有胃癌，并且已经到晚期，至多还有一年的时间。五雷轰顶一般，两人瘫坐在地上，许久都不曾动弹。后来，她扑在他的怀里放声哭起来，哭完后像没事一样和他回家，继续照顾他的衣食起居，照顾刚刚上幼儿园的儿子。只是接下来的日子里，她养成了写日记的习惯，她想，就让这365篇日记作为我爱过这个家的证明吧。

他们的婚姻似乎更加美满了，她每天早上总是幸福地送丈夫出门，然后送儿子上学，下午满脸笑容去幼儿园接儿子，回来后做上一桌子好吃的饭菜等着丈夫回家。这样的生活一直持续了8年之久。不知道是医生误诊，还是后来的生活救了她，总之，她就这样奇迹般地好好地活了8年，最后安详地离去。

后来，她的丈夫回忆说："孩子从来都不知道这件事，每当我们单独待在屋子里的时候，我会突然陷入沉默，而她总是很乐观地说'事已至此，何不坦然面对？我们的儿子需要一个快乐的成长环境'。我想，或许就是这份信念救了她。"

"事已至此，何不坦然面对？"多么简单的一句话，但其背后是一颗多么坚强的心啊！当幸福的大门已经向她敞开的时候，上帝却告诉她只有一年的期限。然而在绝望的现实面前，她选择了坚强和接受，假如人们不能阻止不幸的发生，那就坦然面对不幸，积极的反应总是不负所望的。卡耐基先生说过，面对不可改变的现实，只有三种选择：一是接受并适应它；二是抗拒导致人生覆灭；三是积压在心头，日积月累，神经衰弱而亡。聪明的人应该知道选择哪一种。时间是一种神奇的修正液，你希望生活将来被改成什么样，那就用相应的情绪和心理去经营它，平静地面对潮起潮落，再难的关都将渡过。

选择困难——布里丹毛驴效应

小兰非常庆幸自己嫁给了一个浪漫的老公，不管是什么节日，她都会收到一份来自老公的礼物，有的时候还很出乎她的意料。上次的情人节，老公竟然在下班时突然出现在小兰的办公室，手捧一束鲜艳的玫瑰站在她的面前，俨然一个追求女生的青涩小伙子，然后两人便手拉手一起去看了场电影。

这样的惊喜不计其数，但是似乎从来都没有重复过。结婚一周年纪念日马上就要到了，这一次，老公特意换了种方式，他给了小兰三种选择：两张去欧洲旅游的机票、一块精致的手表、一张昂贵的美容卡，但是只能选择一种。小兰一直都想出去散心，旅游最好不过了，但是也不想放弃美容的机会，而那块旧手表早就坏掉了，她早就想买块新的了，于是左思右想，小兰在三者间拿捏不定，连吃饭的时候都在想要选哪一个。

面对三种都极其喜欢的礼物，别说是小兰取舍不定了，很多人都很难很快做出决定。困扰小兰的难题虽然很难选择，但是不管她最后选择哪一种，结果都不会让她失望。可是在生活中，还会有更加艰难的关键性的选择，这个时候如果迟迟拿捏不定，难以决策，恐怕困扰会更大。比如毕业后是找一个和专业对口、自己喜欢的工作，还是选择一份工资相对较高却并没有发展空间的工作呢？是回老家发展，还是继续留在大城市？是一辈子都给别人打工，还是自己创业？是嫁给一个潇洒多金的男人，还是选择那个老实憨厚的"三无"青年呢？……

人生其实是由一道又一道的选择题组合而成的，有时候，一个人只能选择一个答案（单选题），选择了其中的一个，就意味着你将放弃其他的选项。而有的时候，虽然可以多选，但是少选或错选一个，这道题目也是错的。

相传在法国古代有位叫布里丹的哲学家养了一头小毛驴，每天主人都会买一份草料放在它的面前，但是有一天主人多买了一份，面对数量和质量都相差无几的草料，这头小毛驴可为难坏了，左看右看都不知道该吃哪一份才好，最后在反反复复的犹豫不决中，终于被饿死了。心理学家把这种心理现象称为"布里丹毛驴效应"，这是一种心理冲突的表现。要想克服心理冲突，首先需要有一个健康的心理，面对选择，该决断的时候就应果断做出决定，否则或许就会付出更高的代价。

不要试图控制你身边的人

对离婚案例的探究显示出一个很有意味性的理论：爱的最初是美好而甜蜜的，但是到最后，爱会发展成为压迫或操纵对方的一种手段，即控制欲。曾经有一对夫妻就是这样的典型例子。姑且称他们一个为黎娜，一个为大伟吧。

谈恋爱的时候，黎娜就是一个粗线条的女人，活泼开朗，异性缘很好，因此也常常遭到大伟的责问，但是黎娜觉得这样反而更加体现了大伟对自己的重视，觉得甜蜜至极。后来交往不到两年，两人便结婚了。婚后一切都很平静，大伟主动担起了养家的重任，理所当然地成了家庭经济的主要来源。而黎娜则一直待在家中，被大伟无微不至地呵护着，他甚至像对待一个小女孩一样宠她，不会对她凶，不会对她所做的任何一件事情加以指责，即使有的时候黎娜确实做错了。

这种情况持续了很长一段时间，当黎娜从婚前的野蛮女友逐渐转变成一个小鸟依人型的小女人的时候，大伟的态度开始产生了变化，他会指责黎娜乱花钱，但是当黎娜提出出去工作时，他又极力地反对。平时只要黎娜在家里有一点做得不好，他就指责黎娜。

早已习惯了依赖大伟的黎娜这时候总会产生巨大的失落感，检讨自己是不是哪里做得不好，惹他生气了。为了讨得丈夫的欢心，她甚至放弃了所有与好友娱乐的时间，生怕有一天大伟不要她了。于是，她的重心开始渐渐转向大伟和家庭，丈夫的一举一动都会牵动着她的心，从前勾肩搭背、无话不说的异性哥们已经逐渐从她的世界中淡出——黎娜完全被她的丈夫掌控了。

大伟的做法其实是现代婚姻生活中很典型的男人控制女人的一种方式。他利用不允许妻子外出工作的方式来降低她的地位，用无微不至的关怀与体贴来获得她的心，使她在精神上完全依赖于他。当他成功地成为她精神和生活中的主宰的时候，又使用疏离和批判的手法来动摇她在婚姻中的安全感，而她也已经陷入一种思维模式：他是我生活的全部，并竭尽全力讨他的欢心，完全没有了自己的世界。

同样，一些控制欲比较强的女性也会在婚姻中采用类似的方法来控制自己的丈夫，比如会说一些烦心事给他听，希望他也为此而烦恼一番，并把丈夫的反应视为是否重视她的表现，当得不到满意结果的时候便会心生怨怒，使用各种方式来使丈夫不悦，但是有的时候又会温柔可人，慷慨至极，简直判若两人。长此以往，丈夫就会失去信心，焦虑不安起来，要时时看着妻子的脸色来行事。两个长期生活在一起的人，使用不同手法往往都是要达到一个结果，那就是将对方的信心击垮，造成对方心理上的混乱，使对方产生挫败感，从而达到成功支配对方的目的。

因此，当两个相爱的人相互控制的时候，爱便成了一种枷锁，甚至导致分离。

得不到的是否才是最好的

他出生在一个并不富裕的家庭，从小就渴望有一天可以住进大房子，有一件纯白色衬衫。读书的时候，他看见别的孩子有新鞋，有漂亮的书包，每天吃美味的零食，用好看的手机发短信、打电话……于是他的心里便悄悄装满了大大小小的梦想。后来工作了，挣钱了，那些大大小小的理想也一点一点地变成了现实。当衣柜里装满各式各样的白色衬衫的时候，他开始觉得它们太容易脏了，于是不再喜欢穿了；当鞋柜里的鞋多到他每天早上出门不知道该选择哪一双好的时候，他居然萌生了要扔掉几双的念头；自从一部笔记本电脑摆在了他的办公桌上，手机几乎一直安静地躺在他的口袋里——除了平时接打电话；当他每天住在大房子里，下班后独自对着电视的时候，他突然好怀念以前一家人挤在一起的温馨……心想，这些也不过如此。

生活中这样的例子不计其数，当想要的东西都一个个得到了之后，便会觉得一切也不过如此。没有拥有之前，觉得它们是那么美好，而拥有了之后又开始忽视、厌倦。难道真的是得不到的才是最好的？

有这样一句话：在男人的心中，初恋永远都是最美丽的遗憾。心理学家指出，任何人都有为满足心理需要而产生的一个张力系统，若该系统被迫中断，那么这种未解决的张力将永远存在，而一旦任务完成，与之并存的张力系统也就随之消失。

由此可见，那些"得不到的"正是"未完成的任务"，它们促使渴望被满足的心理一直存在着，并让人固执地认为那些留在记忆最深处的"得不到"便是最美丽的。

别让妒忌毁了你的生活

有一个女孩如愿以偿地和自己崇拜多年的偶像走到了一起，她崇拜他的文字如此优美，崇拜他的思想那么高尚，他想的事情总是与平常人不一样，他也因此而显得特有魅力。女孩和他结婚了。刚开始，她多么庆幸，在一群追求他的人中，她是那个被幸运选中的人，而不再是一个默默无闻的崇拜者。之后他们一起吃饭、同眠共枕，一起出入高档别墅，她享受着同他一样的优越生活。然后，女孩便觉得自己已经和丈夫一样高贵了，从前丈夫在她的眼中就是一个无法企及的神，而如今自己就真真实实地站在和他平等的位置上。

然而，在日复一日的相处中，她也渐渐发现，丈夫其实和常人没什么两样，他并没有她原本想象的那样伟大。于是她心里既害怕又怨恨：为什么我如此崇拜他、爱他，他就不可以崇拜我？因此，她渐渐变得爱管闲事，习惯以丈夫的名义发言、说话。后来自然引起了丈夫的不满，矛盾也浮出水面。女孩开始觉得周围都是情敌，处处是险境，从此便仔细观察他人格上的弱点、生活中的缺点，以及他在不经意间暴露出的卑微之处，然后会将所得到的信息同自己的姐妹们分享。最后当他们不得不离婚的时候，女孩说："我没有遗憾了，因为我终于看清了一个男人的真实面目。原来完美这么不堪一击，是我亲手将它毁灭的。"

一个人对另一个人的崇拜究竟可以持续多久？谁也不知道，但不管怎样，你要明白的是，完美的人并不存在，如果非要说有，那么从一开始就是自导自演——构建，享受，再毁灭。女孩为何会亲手将好不容易得来的幸福毁灭掉？也许很多人都不会想到，这是因为她的心中有一颗妒忌的种子。它那么狡猾地混淆于男女关系之中，使人难以辨别，女孩在偶像丈夫面前的挫败感、失落感以及期待和丈夫平起平坐的心理，无不有妒忌的影子，她想完全占有他，不愿意"情敌们"成为自己的威胁。就如同她看见一件自己喜欢的珠宝摆在面前，却无法拥有时所产生的挫折感，心想有一天它会出现在别的女人的身上，那么，妒忌便由此产生。当某个人产生这种情绪时，外界越是刺激他，妒忌便会越强烈。消除妒忌的有效方法是获得"认同感"，这样才能减小彼此间的差距，缩小心理落差。

在日常生活中，妒忌的影子无处不在。比如，你见到别人家的孩子考上了名牌大学，想起自己家的孩子只能在普通大学读书时，感到没面子，继而产生怨怼心理，心胸狭隘的人会将它无限放大，而懂得用欣赏的眼光看待世人的人，便会获得心灵上的解脱。

饥饿的时候，还介意什么

一天，一家动物园里新来了一名年轻的大象饲养员。按照惯例，这位年轻人必须接受培训，而负责做培训工作的老饲养员告诉他说，在喂养大象的时候，千万不要给它过多的食物，不要担心它被饿着，否则它就很难长大。年轻人心想：这是什么歪理啊？后来，在饲养的过程中，他并没有听从老饲养员的话，而是在大象的面前摆满了食物，生怕把大象饿着。

然而两个月后，当大象的兄弟们都飞速长大的时候，他所饲养的那只却没怎么见长。年轻的饲养员以为是大象的身体素质不好，后来老饲养员和他调换了大象，但是一段时间以后，老饲养员的大象又长得飞快，而年轻人养的那只又是不见长。

年轻人很是疑惑，老饲养员一语道破："当大象不缺食物的时候，面对眼前的食物反而不当回事了，不能好好吃，自然长不大。我所饲养的大象虽然总是在饥饿中忍受煎熬，但是面对得来不易的食物，它懂得珍惜，并好好将食物吃掉，进而充分消化，因此才有了健壮的体魄。"

动物在面对得来不易的东西的时候，尚且知道珍惜，好好利用，那么人呢？有一位母亲，因为工作需要，必须出国几个月。于是就将还在读小学的女儿托付给自己的母亲照看。不久，女儿的舅妈给她打来电话说："我给儿子报了钢琴补习班，并请了一个老师，你家丽丽也想学，要不然给交点学费让她跟着学吧！"这位母亲果断地说："不行，不要让她养成乱花钱的习惯。"不久，舅妈又来电话了："我看你家丽丽是真的想学，让她学吧！"但是这位母亲还是没同意。差不多一个月后，丽丽自己打电话来了，哭着对妈妈说："大家都在学钢琴，我也好想学，妈妈你就让我学吧，我一定比其他的小朋友用功，弹得一定比他们好。"这一次她同意了。这个小女孩果然很努力，似乎很有天赋，后来还代表学校参加了市级钢琴比赛。

由此可见，在面对得来不易的东西时，人们往往会更加珍惜，太容易拥有的反而会被忽视。这在心理学上被称为"饥饿疗法"，即在饥饿的时候，任何东西都是美味的。所以，适当地实施"饥饿疗法"，或许会收到事半功倍的效果。

学会放下，才能收获更多

小河从遥远的高山上而来，流经许多森林与村庄，最后来到一片沙漠。但是，这次小河遇到了难处，不管他怎么努力就是过不去。灰心的小河叹道："也许这就是命吧，这里便是我生命终结的地方了。"就在这个时候，四周响起一阵低沉的声音："微风都可以越过沙漠，为什么小河就不可以？"

小河不服气了："微风可以飞过去，可是我不行。"

沙漠继续说："假如你一直坚持自己原来的样子，那你永远都越不过。"

小河疑惑了："你是说要我放弃自己原来的样子？那么我就不再是小河了。"

"对，变成水蒸气，让微风带着你飞过这片沙漠，你就可以到达你的目的地了。要不然你只有消融在干旱里，任空气将你蒸发，消失不见。"

"那还是原来的我吗？"小河想想自己的梦想，犹豫了。

"说是也不是，说不是也是。当你乘着微风飞过沙漠，等到了你梦想中的地方，只要你还愿意继续完成梦想，微风就会将你变成雨水，汇进河水里，这样你便可以继续向前。"沙漠很有耐心地说着，"实际上，只要你的本质没有改变，坚持自己的梦想，相信你依然是原来的小河。"

小河轻轻叹了一口气，然后将自己融进空气里，随着微风一起飘向了远方。这个时候，小河似乎做了一个梦，梦里的他曾经也是这样被微风带着飞的，然后一直飞到大陆，跨越大山、丛林，最后在一片瀑布的奔泻处，它变成了水汽，又变成雨水，汇成了河流。

小河的梦其实并不是梦，只是它突然想起了曾经的自己其实也是由水蒸气变化而来。小河遇到了来自沙漠的阻碍，本以为就此结束生命，但是沙漠提醒了它，要想跨越这片沙漠就必须改变现在的自己。似懂非懂的小河最终选择了改变，才完成了继续前进的梦想。

其实，人的生命历程往往也像是一条小河，当遇到困难，无法跨越的时候，如果一味地坚持自我，坚持最初的原则，那就很难突破困境。这就启示我们，当身处困境的时候，适当地放下自我，懂得变通，往往也是一种智慧。好比，当你烦闷时，如果一直想着那些不开心的事情，心情只会越来越糟，甚至还会走进死胡同，这个时候倒不如改变一下方向，卸下原本坚持的东西，看似你放弃了什么，但实际上，只要你依然是你，生命会因这暂时的"放下"而得到更多。

心有一片湖

　　小蒋在事业上遇到了困难，面临即将失去整个公司的困境，他痛苦万分，不甘心辛辛苦苦奋斗了半辈子而得来的事业就这样毁于一旦。已近中年的他，脸上布满了忧伤，和朋友喝酒的时候，他说起现在的自己已经一文不值，公司没了，还有什么能力去照顾妻儿？朋友不忍心见他如此消沉，就讲了一个故事给他听。

　　从前，有一个年轻人总是抱怨生活不公，甚至开始厌倦这个世界。有一次，他的师父叫他去买一包盐，然后让他把盐放在一个杯子里，并要求他喝一口。他很听话地喝了，皱着眉头说："好咸，好苦！"接着，他的师父又把他带到附近的湖泊边，抓了一把盐投进去："你再尝尝是什么味道。"他便捧了一口湖水放在嘴里，说："挺新鲜的。""还有咸味和苦味吗？"师父问。"没有了。"他似乎已经恍然大悟。师父见弟子渐渐舒展了眉头，才开始说："其实生命里的痛苦就好比这些盐，同样的分量，为什么在杯子里很咸很苦，而在湖泊里就没有味道了呢？"

　　朋友说完看着小蒋，说："人人都会有或多或少的痛苦，但是，究竟你体验到的痛苦有多重，则完全取决于你将它放在哪里……你失去了事业，但那仅仅是你生活的一部分，你还有妻儿，假如还是一如既往地痛苦下去，你就真的什么都给不了他们了。"小蒋听后，沉默了很久。但是第二天，朋友就看见了一个笑容满面的他，带着妻子和儿子在大街上散步，脸上是享受，也是轻松。

　　人生难免会遭遇痛苦，上帝分给每个人的盐都是一样多的，但为什么有的人看上去十分快乐，仿佛一点烦恼都不曾有，而有的人则整天一副愁眉苦脸的样子呢？也许这就是因为他们用来盛放痛苦的"容器"不一样。因此，当你不开心、身处痛苦的时候，千万不要做杯子，杯子只会放大你的痛苦，而要将胸怀敞开，努力扩大它的面积，如果它足够宽敞，便好比一片湖，那么，微不足道的痛苦就什么也不是了，只有这样，才有资本做一个快乐的人。

如果你快乐，请传播

有一个美丽的年轻女孩患了重病，必须立即做手术。最后父母将她送进了一家大医院，前来为她医治的是年轻英俊的医生郝武德·凯礼，因为听说病人是某座城市转来的，便下定决心一定要亲手将她的病治好。

手术之后，医生对女孩也很关照，但是从来没有正面和女孩交流过。在医生的精心照料下，女孩的病情很快好转了起来，并渐渐开始康复。出院的那天，按照规定女孩一家要将手术费用以及这段时间住院的钱付清，女孩明白也许这笔账将要用她一辈子的时间才能还清了。然而打开账单的那一刻，女孩以及她的家人都愣住了，账单上清清楚楚地写着："一杯鲜奶已足以付清全部的医药费！"署名是郝武德·凯礼医生。

原来，在若干年以前，郝武德·凯礼医生还在读书时，他为了给自己攒够学费，不得不挨家挨户地推销货品。有一天晚上，可怜的郝武德·凯礼几乎难以坚持了，寒冷与饥饿折磨着他，那时有一束暖洋洋的灯光从一扇小窗户里照出来，促使他决定抓住这最后一线希望。

于是他便敲开门，原本是想讨口饭吃，但是开门的是一个美丽的小女孩，这让他立即失去了勇气，最后只说想要一杯热水暖暖身子。女孩很显然看出了他的窘迫，于是从屋里端出满满一大杯鲜奶递给他。当他不慌不忙地喝完并问需要支付多少钱的时候，女孩说："你不需要支付我一分钱。母亲教导我们，要将幸福与快乐传递，不求回报。"

就是这样简单的一句话语，郝武德·凯礼记住了，并最终通过自己的努力实现了自己的梦想。

这是一个爱的美丽循环，很多人读过这个故事也许会想到"赠人玫瑰，手留余香"。没错，付出的同时，你也会收到相应的回报，但是从另一个角度来看，其实这也是一种传播，就像美丽的女孩对郝武德·凯礼说过的话："要将幸福与快乐传递。"

一个人快乐是快乐，两个人一起快乐便是幸福。如果快乐的人将自己的快乐传递给他人，相信世界一定是一片暖洋洋的天空，那么你的快乐也会更加持久。所以，千万不要吝啬你的快乐和幸福，如果此刻的你是快乐的，那就将它快点传递给你身边的人吧，亲人、爱人、朋友、同学、同事……当快乐成为接力，你也会发现自己比以前更快乐。

接受残缺，不给自己停止前进的理由

张某年幼时患了一场大病，虽然保住了性命，但是从此不能再站立或走路了。父亲是邮局的干部，便在张某毕业后给他安排了一份可以坐着上班的工作。工作三年之后，张某意外地辞职了。当被问起为什么的时候，他能看出周围人眼里对他的同情，有的甚至还充满了不屑和怜悯，自尊心极强的张某再也不想待下去了。

辞职以后的张某先自己开了一个小小的书店，可不到半年就因城市拆迁而关闭。之后他又和其他人一起开了一家印刷厂，但是一年之后就因合作人背信弃义而不得不停止经营，同时也负债累累。父母都劝他还是乖乖回去上班，别再折腾了。

但是张某依然没有放弃，有了前两次失败的经验，第三次，他开了一家小饭店，一年之后竟然盈利几十万元，生意渐渐好起来后张某又开了两家连锁饭店，就这样生意越做越大。

十年之后，这座城市的人都知道张某已经是好几家大饭店的老板了，他开的饭店已经遍布城市的每一个角落。后来，张某娶了个漂亮贤惠又能干的妻子，生活美满而温馨。

当有人问他成功的经验的时候，张某说了一段意味深长的话："我身体不便，这是个不可改变的事实，我必须接受。当别人同情甚至怜悯我的时候，可以！不过我自己不行！否则就会悲天悯人，成为一个只会抱怨的懦夫，那就没有今天的我了。"

任何人都可以同情自己，但就是自己不可以！现实生活中，许多人在遭遇不幸的时候，都会产生悲观厌世的情绪，自怜自叹、长期被这种情绪所左右的人是很难走出阴影、振作起来的。他们不是依靠身边的亲人、朋友，就是从此消沉、一蹶不振，认为这就是命运。

要知道，人生怎能尽如人意，上帝在打开一扇门的时候，必然会关闭一扇窗。但是也有人说，上帝在关闭一扇门的时候，必然会打开一扇窗。完美是相对的，并非绝对的，面对残缺如果只是一味地消沉、悲观，那么很可能连那扇开着的窗也会关上。

所以，假如不得不面对，那就接受，千万不要用同情的眼光看待自己，而应当更加努力、更加勇敢地鞭策自己，克服心理上的缺陷，不给自己停止前进的理由，然后才有机会走出真正属于自己的路，建立真正属于自己的一片天。那个时候你就会发现，原来人生也有残缺的快乐与幸福。

感悟世界，珍视童心

有一个开飞机模型店的老板，有一天一个孩子走进他的店，环视四周之后，眼光忽然停在了一架模型上，那是老板店里最昂贵、最精美的飞机模型。男孩很喜欢，于是从口袋里拿出好几块样子精美、五颜六色的石头递给老板，想要交换飞机模型，那是他收藏了很久的心爱的石头。临出门时老板忽然叫住了他："孩子，这架模型用不了这么多石子，一块就够了！"说着便把剩下的石子还给了小男孩。小男孩拿回了石子，脸上洋溢着幸福的笑。目送男孩离开的老板站在原地，竟然也不知不觉地笑了起来。

还有一个故事。在一个停电的夜晚，刚搬来不久的女住户的门铃响了，打开门的时候，走廊里的光投射到男孩身上。"有什么事吗？"女人问他。"阿姨，您家有蜡烛吗？"男孩仰着脸看着她。女人心想，刚搬来就来借蜡烛了，以后还不知道有多少麻烦事呢！于是便对男孩说："不好意思，阿姨刚刚搬过来，没准备蜡烛呢。"这时候只见小男孩像变魔术一样，从背后拿出几根蜡烛，脸上是调皮而得意的笑："就知道您不会准备，喏，这些蜡烛给您啦。"女人接过蜡烛，良久才缓缓说出"谢谢"，这时男孩已经回家了。

很多人都说故事中的老板太傻了，但是这些人又何尝知道，老板损失的只是一些钱财，但是他收获的是一颗无价的童心，他像这个孩子一样，寻得了一种人世间最美好的东西，这是真正属于心灵的，是任何物质都交换不了的。而那位女邻居却以一个成人的世俗眼光去看待孩子，所以她首先想到男孩是来借蜡烛的，当男孩将蜡烛送给她时，她感到了惭愧。内心阴暗的人，是看不见别人的光明的。

孩子们之所以会比成人快乐，最大的一个原因是他们很容易满足，在他们的眼里，很少有美丑、好坏之分，是社会"阅历"让一个孩子渐渐对周围的事物产生敌意与戒心。多数人不快乐是源于对周围环境的不了解,当一切都被看透,赤裸裸地呈现出原形,世界就再也没有简单的美好了,当一个人积累了太多的经验教训,懂得了太多的人情世故,那颗原本单纯的心就再也不单纯了。因此,真正的快乐源于一颗简单的童心。

越简单越快乐

古希腊伟大的哲学家第欧根尼曾经一度被人们认为是疯子。瞧瞧吧,他赤着脚,身子半裸,胡子拉碴,躺在光溜溜的地面上,看上去真的像个疯子。

一大清早,睁开眼睛的时候,太阳已经升得很高了,第欧根尼搔了搔痒,开始了他每日的例行公事——他用公共喷泉洗了把脸,又向路人讨要了一份面包,十分满足地蹲在地上咀嚼起来,顺便还捧了几口泉水,同面包一起送进肚子。

他没有自己的房子,没有稳定的工作,他觉得房子有什么重要?自然的行为有什么可耻?为什么还要一所遮蔽的工具?唯一重要的是避寒的衣服,因此,他最多只有一条可以御寒的毛毯,白天可以披在身上,晚上又可以保暖。

大家毫不客气地送他一个称呼——狗,并把他的哲学称为"犬儒哲学"。他住在一个用泥土筑成的储物桶里,也完全不管世人对他的评价,不管什么社会规范,也不管明天会怎样,他只说,现在的自己比波斯国王还要快活。

而实际上,第欧根尼并不是疯子,他是一位伟大的哲学家。他创作戏剧、散文、诗歌,用文字来阐述他的学说。他也有一批真正崇拜他的门徒,并向愿意倾听他的人传道。他抛却了内在和外在所有的物欲和焦虑，在简单中快乐地生活。

用第欧根尼自己的话说，就是自然地生活，抛开那些虚伪的世俗，摆脱那些愁人的繁文缛节，不贪恋那些带有毒瘾的奢侈享受，便可过上真正自然的生活。

富有的人有大大的房子、华丽的衣裳、成群的马匹和用人、巨额的银行存款……看似富有，殊不知，终其一生他们都被这些支配着，他们才是真正的奴隶。

究竟何为自然，何为简单，没有人可以准确地下一个定义，但是可以肯定的是，如果你的世界是简单的，那你就是快乐的。诗人爱默生曾说："没有一件事比伟大更为简单；事实上，简单就是快乐。"

每个人都有自己的生存方式，简单的定义也因此各异，但其本质应当是摆脱过剩的物质，避免遭受日常琐事的牵绊。其实简单并不遥远，它就是一种心灵的宁静，还有什么比心灵宁静的时候更为幸福呢？

面对生活，接受生活，坦然处之，以简单求得内在的安宁。梭罗说过："我们的生命不应虚掷于琐碎之事中，而应该尽量简单，尽量快乐。"记住，越简单越快乐。

心境是你看见的世界

在西方，传说很久之前有一个国王伯西，一生都十分钟情于粉色。不仅穿戴的服饰是粉色，就连其他的东西，譬如吃的、用的都清一色是粉色的。以至于最后只要是国王身边的东西都一定是粉色的。即使这样国王也依旧不满足，他还要将世界万物都变成粉色。

于是他命人将全国的原野、花草树木、动物都进行了一次大型的染色"洗礼"。然而，国王还是愤怒了，因为无论怎样，天空还是蓝色的。无计可施的国王只好找来自己的老师，请求给予一些帮助。

老师思考了一会儿，然后无奈地回家去了。国王有些失望，看来是没有办法了。但是第二天老师来到国王的面前，将一副事先预备好的眼镜递给了国王，国王按照老师的指示戴上了眼镜，抬头仰望着天空，瞬间，云朵、天空居然都成了粉色。

惊喜万分的国王从此再也不愿摘下眼镜了，就这样，他安静并快乐地度过了自己的一生，而且百姓再也没有必要只穿清一色的粉色系服装，天地万物又是一片生机盎然、五颜六色的景象。

国王的老师虽然并没有找出使天空变成粉色的方法，但是他找到了可以使天空在国王的眼里呈现出粉色的办法。其实，现实生活中有很多像国王这样的人，总是习惯使用同一种方式观察这个世界，一旦有不入眼的东西就试图将它改变，而从来不会从自身出发去思考问题。

要知道，世界上的很多事情是无法改变的，即使暂时改变了，有一天一切还是会回到它原本的面貌，就像这则童话里的国王一样，因为自己喜欢就试图改变世界，但是许多事情就像天空一样是不能改变的。所以，世界不可能为你一个人而存在，当事情无法如你所愿的时候，当你不开心的时候，请试着去改变你的心态吧，你观察世界的角度、你对待他人的固有态度等，或许稍稍转换一下，你所看见的世界便会是另一番模样了。

要改变世界，先改变自己

有一块菜园子被主人修理得很整洁，但是唯一的不足就是菜园子的中间有一块看起来巨大的石头，走进园子的人几乎都会不小心踢到它。

有一天儿子问爸爸："那块石头那么讨厌，为什么还不把它移走？"父亲说："那块石头从你爷爷那会儿就一直躺在那里，它那么大，没有人确定要搬走它需要付出多少时间和精力。其实它的存在也可以时刻提醒我们小心，训练我们的反应能力。"

几年过去了，这块石头又留到了下一代，当年的儿子已经娶了漂亮的妻子，并且做了爸爸。但是妻子总是在经过那块石头的时候被绊倒，心里很是委屈。

某天，儿媳妇终于忍不住了，很气愤地对公公说："爸爸，菜园子里的那块大石头真是讨厌，你把它搬走吧！"公公说："还是算了吧，那么大的石头，怎么搬走呢？要是可以的话，何至于留到现在！"但是公公的话根本没有把她吓倒，反而更坚定了她移走石头的决心。

一大清早，这个倔强的儿媳妇就提着一大桶水，扛着一把锄头来到了园子里，经过一夜的思考，她决定就算花上一整天的时间也要将这可恶的石头挖走。只见她把水浇在石头的四周，十几分钟之后，待土壤松了，她便开始挖起来。但是很快她就发现，这块石头根本就没有大家想象的那么大，这么多年来，它一直以一个看上去巨大无比的外表蒙骗着周围的人们，但实际上那只是一个表面现象而已。

一块看上去巨大的石头其实徒有虚名，人们之所以不愿意尝试将它移开，很大一部分原因是心态。假如把这块石头比作一个一直纠缠在心底的某个结，不自信的人怕麻烦，担心付出努力以后依然于事无补，不仅白白浪费了时间和精力，还会备受打击，只好一直任由它一直存在，并美其名曰：时刻提醒自己保持警惕。但是乐观自信的人就敢于尝试，哪怕付出再大的代价，假如最后依然解决不了，至少是尝试过了，那么，于己于人就没有什么遗憾可言了。

就像爬山，如果你始终抱着一种放弃的想法向上爬，那就永远也无法到达山顶。所以，如果你觉得世界没有欢声笑语，沉闷而绝望，其实是你的心态造成的。要想改变你的世界，首先就要学会敢于改变你的心。

牵着蜗牛散散步，享受过程

曾经有一个看破尘世的年轻人，每天都懒洋洋地窝在家里，什么也不做，甚至连吃饭都觉得没劲。上帝终于看不下去了。一天，上帝找来这个年轻人，问："你怎么不和自己爱的人结婚？"

年轻人说："有什么意思，搞不好还要离婚。"

上帝接着问："那你怎么不去工作？"

年轻人回答说："没劲，赚了钱还不是要花掉。"

上帝又问："你可以试着结交一些朋友。"

年轻人还是一脸无奈："有什么用，很多朋友到最后都会反目成仇。"

上帝看着年轻人什么话也不说了，最后递给他一根绳子。年轻人莫名其妙地问："这是做什么？"

上帝说："那你干脆上吊吧，反正人到最后都是死，还不如现在就死了省心！"

年轻人回答："但是我还不想死。"

上帝笑了，说："其实人生就是一个过程，何必看重结果。"

年轻人恍然大悟。

于是上帝交给年轻人一只蜗牛，让他每天在自己喜欢的任意时候牵着它去散散步，算是一个任务，年轻人同意了。在接下来的几天里，年轻人一直跟在蜗牛的后面。

一次经过一个花园的时候，一股浓浓的花香从不远处飘过来，接着，年轻人又看见了美丽的夕阳、灿烂的晚霞，还有落在电线上唱歌的小鸟。当家家户户亮起灯火的时候，年轻人从来没有这么强烈地期望过走进那温馨的灯光里，享受与爱的人相拥的美好。这个时候，年轻人才明白：上帝不是要我牵着蜗牛散步，而是要蜗牛牵着我去散步啊。

　　人生是一个过程，如果过分在乎结果，就会忽略过程。人们常说要活在当下，当下的理解就是你正在从事的事情、你正在结交的人，那么，把你关注的重点集中在这些上面，并一心一意地体验、品味，便是活在当下。

　　活在当下的人很少甚至不会在意未来怎样，结局怎样，只是做好现在的事，充分享受眼前每一天里的一切，只有这样才能及时发现生活中的美、享受生活，就不会像故事里的年轻人一样觉得什么都是没意思的。如果凡事都要想想结果，衡量得失，那就什么都别做了，既然结果已定，何必浪费时间呢？所以，不要虚度人生中的每一天，抓紧时间快乐，抓紧时间散步，好好享受过程。

02

第二编

人际交往必备的心理工具箱

第四章

首次会面必知的心理常识

每个人都是社会群体的一员，都需要在群体中与大家交往。或许你很善于结交朋友，但是很多人即使在大街上与你一天遇见过无数次，也未必会相识，更别说成为朋友，而也有一些只有一面之缘的人，最后反而变成好友。看来第一印象很重要。

那么怎样才能在首次见面时就给人留下好印象呢？如何展示你自己？又如何了解对方的性格？第一印象真的可以决定你们日后的关系吗？是性格相同的人们容易交朋友，还是性格各异的人们容易成为至交呢？

不要忽视了第一印象——首因效应

大将军冯玉祥担任"陆军检阅使"时，他的原配夫人因病过世，当时很多姑娘都托媒人介绍，希望成为陆军检阅使夫人。面对这些姑娘，冯玉祥很难一下做出判断，于是，在接见她们的时候，他都会问问她们，为什么想和他结婚。这个看似简单的问题，却让一个又一个姑娘被判出局，因为那些回答冯玉祥都不甚满意。

某天，一个叫李德全的姑娘来到了冯玉祥的面前，冯玉祥问她："你为什么要和我结婚呢？"没想到李德全说："因为上帝怕你做坏事，就派我监督你来了。"就这样，李德全留给冯玉祥的第一印象便是爽直大胆，令他刮目相看，于是不久两人就结为伉俪。

李德全留给冯玉祥的第一印象，在心理学上就叫"首因效应"，是两个素未谋面的陌生人，在第一次见面时留给对方的印象。人际交往中，第一印象在很大程度上是日后交往的基础，包括言行举止、穿衣打扮、亲和力等，这些都会在不知不觉中透露出一个人的内在修养，哪怕只是一个简单的动作，都会在瞬间形成第一印象。

现实生活中，也有很多"一见钟情"的例子，这便是"首因效应"的作用。这就启示我们：在与人接触的过程中，千万不要忽视了第一印象，我们可以把自己美好的一面留给对方，也可以通过第一印象初步评价对方，为日后的交往打下基础。

寻找你身边的朋友——邻近效应

大学毕业之后，同窗四年的叶硕和齐晓磊，一个返回老家长沙，一个则留在读了四年大学的上海。找到工作以后，齐晓磊便在工作附近的地方租了一间小房子，开始了自食其力的独立生活。大学时处的比较好的同学不是回了老家，就是去了别的地方，即使有的还留在上海，可是上海这么大，大家也都各忙各的，根本就没有见面聚会的机会。

有一次，齐晓磊加班很晚才回家，这时的他已经精疲力竭，然而更加糟糕的是，从浴室洗完澡出来的齐晓磊发现自己把钥匙落在屋里了。这可怎么好？房东住的地方距离这边很远，一时之间根本拿不到钥匙，在外面待一夜吧，可是门终究是要想办法打开的，再说，第二天早上还要上班……

就在一筹莫展之际，齐晓磊看见隔壁的窗口还亮着光，心想：这位老兄应该还没睡吧，找他帮帮忙。于是便轻轻敲了几下门，没想到主人很快就开了门，那一夜，齐晓磊就在这屋里住了一宿。在之后的日子里，两人也逐渐成了好友，齐晓磊仿佛又找到了另一个"叶硕"。

心理学上把这种现象称为"邻近效应"，即两个人能否成为朋友，与这两人住处的远近有很大关系。俗话说"远亲不如近邻"，住得近的人不用花费大量的时间和金钱就能很快熟络起来，越是走得近，处得久，在很多事情上就可以获得越多的照应，相互嘱托，有困难时帮忙解决，有快乐可以一起分享。

距离远虽然不是阻止友情发展的障碍，但距离近却是帮助友情建立的必不可少的条件。"邻近效应"还有一种表现是，人们大多会选择具有相似社会地位、经济实力的人作为邻居，因为他们认为，在地理位置上的邻近会加强彼此之间的相似性。

会改变你看法的最近事件——近因效应

　　杨丹对汪明的印象一直都不好，觉得他这个人太清高，有时候说话还特让人接受不了，所以杨丹每次见到他都躲得远远的。但是最近，杨丹无意间听到好友在聊汪明的事，出于好奇就凑近听了听。

　　听完，杨丹愣住了，原来汪明有一个不完整的家庭，妈妈在他6岁的时候就离开了他和爸爸，由于从小就没有妈妈的关心，爸爸工作比较忙，很少关心汪明的情感世界，养成了汪明孤僻、冷漠、不合群的性格。

　　从那以后，杨丹每次见到汪明都会向他点头微笑，开始时汪明的冷漠确实够让杨丹倒吸一口气的，但是时间久了，两人居然成了关系还不错的朋友。

　　心理学上的这种现象被称为"近因效应"，是指一个人因为最近所了解到的东西而改变了对某人一贯的认知心理。这个小故事中，杨丹由于得知了汪明的家庭背景而改变了对汪明一贯的偏见，印象由坏变好。

　　而在现实生活中也有相反的例子，比如，两个很不错的朋友，甲一向给乙很多帮助，他觉得这个人老实踏实，是值得深交的朋友，但是某次，乙做了一件很令甲寒心的事，从此甲就很痛恨乙，再也不会给他什么帮助了。

　　但是这往往又会加大人际交往中的以偏概全性，因此，"近因效应"启示我们：不能仅仅根据一个人的一时之事去判断或评价他，这样很容易造成心理认知上的偏差，使人际关系紧张化，而是要历史地、客观地看待人和客观事实，积极的效应当然是好的，但是消极效应就要谨慎处理了。

最好不要以貌取人——反直观定律

罗杰·戴维和菲尔·墨菲同时到罗伯森·沃尔顿的公司应聘同一个职位——销售部经理，但是罗伯森·沃尔顿在这两个人之间很难取舍，戴维口齿伶俐，外表俊朗，给罗伯森·沃尔顿的第一印象很好；墨菲相比于戴维则显得沉默了点，外表也不是很出众。

有一天，一个衣衫褴褛的老太太走进了这家店，并径直向一双摆在销售柜里的鞋子走去，然后请站在旁边的戴维帮助自己试一下，但是戴维表现出的神情分明就是在说：我可管不了那么多。而在另一个时间段，当这个老太太来到墨菲的店里，提出相同的要求时，墨菲不但没有拒绝，还非常周到地为老太太拿来几双不同尺码的鞋子让她试穿。

后来，公司决定留下墨菲。当那位老太太再次出现的时候，他们才知道，原来，这是罗伯森·沃尔顿设计的试探方式，"老太太"就是罗伯森·沃尔顿的夫人。

人们往往凭着眼睛所看见的样貌来判断一个人的身份或品质，这样就会犯和戴维一样的错误。要知道，每一个个体都是应该被尊重的，墨菲就是因为做到了这一点，最后才会被留下来。

这个小故事启发我们：千万不要以一个人的外貌作为评价他的主要依据，直观印象并不都是准确的，要想真正看清楚一个人，必须要通过两次甚至是多次相处，这便是心理学上的"反直观定律"。

小处识人——细节原理

宋朝时有一个官员叫吕元膺，他留守东都时曾与一个管理钱粮的人下棋。这个时候有人来报说有紧急公务需要处理，去处理公务的吕元膺并没有结束棋局，而是嘱咐等他回来后继续下。

后来，等吕元膺回来继续下棋时，一眼就看出了自己的棋已经被人动过了，但是他没有说什么。不久吕元膺就把这个人调走了，并预言说，此人如果做官，必定是个贪官污吏，终将受到应有的惩罚，即使不做官也会因贪污而受到严惩，而事实正如吕元膺所料。

这种从小处看人的方法，心理学上称为"细节原理"。古人有云："不矜细行，终累大德。"一个人的为人、品行、道德如何，并不一定要等到他犯了多大的过失才能看清楚，有时候，往往一个小小的细节就能反映出一切。这就启发我们：结交朋友的时候，要想看清楚对方是什么样的人，就要学会在细微处观察，通过小细节判断这个人的大德行。

相像的人总是最易于接近——相似性原则

心理学家埃姆斯威勒做过这样一个实验：他们在大学校园里向过路的大学生索要一毛钱打电话，当他们的穿衣风格及言谈举止与被询问者相似时，超过2/3的人会答应他们的请求；但是当他们的穿衣风格及言谈举止与被询问者大不相同时，只有1/5的被征求者给了他们一毛钱。

这种现象在心理学上称为"相似性原则"。这个实验的结果向我们充分说明：人们往往更容易接受和自己相似的人，包括性格、穿着打扮、言谈举止等，当第一次接触以后，感觉良好，进一步交往时，如果在对方的身上发现更多的相似点，比如价值观、思想观念、兴趣爱好等，那么双方就有很大的可能成为好朋友。

这就提醒我们：在人际交往中，面对与自己相似的人，巧妙地利用"相似性原则"，可以帮助我们在较短的时间内与对方建立起真正的友情；而面对与自己差异较大的对象时，也可以"求同存异"，尽量展现出你们的相似点，这样才能建立起和谐的人际关系。

适当地表现你自己——名片效应

某位大学生，毕业后就开始着手找工作，在每次面试之前，他都会做很多准备工作，包括公司的基本状况以及公司老板的相关资料。但是一连面试了好几家都没有成功，倍感失望的他真的有点泄气，眼看同学们都找到了令自己满意的工作，他更加觉得自己无能。

有一次，他面试的是一家合资公司，通过了解，他发现该企业的老总曾经有一段艰辛的求职经历，相比之下，自己的这些遭遇根本就不算什么。在备受鼓舞的同时，他来到面试的单位，并且在面试的过程中，他谈及自己的求职经历以及倍感失落的心情，这让老总产生了共鸣。最终，这位大学生成功成为这家公司的新业务员。

大学生将自己的经历说给与自己有类似经历的老总听，这无疑是向对方出示了一张印有与对方相同理念的心理名片，心理学上称为"名片效应"。这是苏联心理学家纳季拉什维利提出的一种能够在人际交往中很快缩小双方心理距离的心理学效应。

它启示我们：恰到好处地运用"名片效应"，不仅能够及时地展现自己，也可以帮助对方在较短的时间内发现彼此的相似之处，根据相似性原则，这就为进一步交流打下了基础，为建立起良好的人际关系拉开了序幕。

他的身上有你没有的东西——互补效应

高一时，月华刚刚转到一个新的班级，面对陌生的环境，月华有点不适应，本来性格就内向的她更加不敢说话了。刚开始时，月华被老师安排坐在晓寅的前面，生性活泼开朗的晓寅便经常找月华聊天。渐渐地，她觉得在月华的身上有种她这辈子都没有的东西，那就是爸爸说的"文静"。

晓寅自己也很喜欢文静的人。但是遗憾的是，上天并没有赋予她这种特质，现在她在月华的身上发现了，便不由自主地想要和她成为朋友，而且月华的英语成绩很不错。而月华在晓寅的身上发现了一种很感染人的力量——开朗幽默，这是月华一直很喜欢的性格，并且晓寅的数学成绩很好，她也希望晓寅能够帮助自己提高数学成绩。于是两人很快成了形影不离的朋友，后来还索性坐在了一起，一直到高中毕业。

心理学上把这种现象称为"互补效应"。心理学家认为，每个人其实都有性格中的"隐形性"，也就是说，一个外表看上去活泼开朗、爱打爱闹的人，或许内心深处很向往文静内敛，于是当遇见一个脾性恬静的人时，很容易就会被吸引；而一个性格内向的人，内心也有某种渴望突破的力量，当外界出现一个合适的契机可供他超越现在的自己时，他便很快被吸引，尤其当这个人可以弥补自己性格上、工作上或学习上的某种缺陷时，双方自然而然就会越走越近。

因此，不单单是特征相似的人会相互吸引，成为好朋友，许多彼此间存在较大差异的人也同样可以建立起友好亲密的关系。这就是"互补效应"在人际交往中的作用，同时，它对于建立和谐的人际关系也有很大的帮助。

第五章

获得好人缘的心理技巧

　　你知道你在朋友圈中扮演着什么样的角色吗？有时候会不会感觉周围的人一下子很热情，而突然又会变得很冷漠呢？是他们不喜欢你了，还是你哪里做得不对？当人际关系变得紧张时，不妨思考一下原因。怎样让你的朋友喜欢你？是走得越近越好，还是永远保持着距离更好？如果你想拉进这种关系，那么还是先看看自己吧。

再强大的人也需要依靠——安泰效应

小月在一家报社里当记者，天性活泼好动的她凭借自己的聪颖和努力很快就得到了主编的赏识，还说年底有望给她升职。但是，小月有一个缺点，就是很自负。她在做外景采访的时候，从不需要助手的帮忙，所有的稿子她都必须亲自仔细检查后才能上交，录制的镜头也必须要亲自看一遍，觉得没有问题才过关。因此，所有同事都觉得小月很瞧不起人，似乎在这个世界上只有她自己做事情才是完全无误的，大家都开始疏远她。

现在，听到小月将要升职的消息后，大家都面无表情，有的人脸上还流露出了不屑。年底，主编找来小月，告诉她现在还不能给她升职，因为她的工作得不到同事们的认可，公司上下同意给小月升职的人寥寥无几，一脸茫然的小月这才意识到自己长久以来在公司里的孤立状态。

心理学上把这种现象称为"安泰效应"。相传，安泰是古希腊神话中有名的大力神，以力大闻名。他能够从大地母亲的怀里汲取力量，无往不利，百战百胜。但是，只要他离开地面，就会失去所有的力量。某天，一直看不惯安泰的人使用计策让安泰离开了大地，在空中将他杀死了。

这就启示我们：人一旦脱离了某些条件就会失去依靠，变得软弱无力。正所谓：水失鱼，尤为水；鱼失水，不成鱼。人生活在一个大集体中，应该相互依靠，相互扶持，永远不可能脱离了这个群体而存在。

相信人人都有一颗感恩的心——互惠效应

"二战"期间，在被德军包围的地区有一位被困的昆虫学家施万维奇。看着硝烟弥漫的国家，施万维奇很痛心，忽然，他看见远处的树枝上落着一只美丽的花蝴蝶，于是他便向它挥挥手，希望它尽快离开这个危险的环境。

可这是一只受了伤的蝴蝶，怎么飞得起来呢？于是施万维奇将蝴蝶小心翼翼地抓起来，放在手心里，并带回军营为它治疗。几天以后蝴蝶康复，施万维奇不舍地将它放归大自然。

然而，令施万维奇意外的是，第二天清早，他看见军营上下停满了花花绿绿的美丽蝴蝶，激动万分的施万维奇突发奇想：如果用这些蝴蝶做掩护，或许就可以逃过此劫。但是蝴蝶毕竟有限，于是他就将军事基地用红、绿、黄三种颜色整个伪装起来，这样在空中飞行的德军看见的便是一大片有花有草有蝴蝶的草原，根本想不到那会是一个军事基地。

就这样，这个军事基地被顺利保存了下来。施万维奇想：这些蝴蝶的到来其实是为了报恩。而在军事活动中被广泛采用的迷彩服也由此诞生了。

这种现象在心理学上被称为"互惠效应"，这也是人际关系中很微妙的一种东西。当你给予别人关爱，对方的心里就会产生"亏欠感"，便也会想办法回应你，当你接收到来自对方的回应时，会毫不犹豫地行动起来，生活中那些良好的人际关系不就是这样建立起来的吗？"羊有跪乳之恩，鸦有反哺之义"，何况是人类呢？爱默生说："人生最美丽的补偿，就是人们真诚地帮助别人之后，同时也帮助了自己。"

"互惠效应"给我们的启示是：你怎样对待别人，别人就会怎样对待你，用友善的种子孕育友善，用付出的土壤栽培收获。

想要钓到鱼，首先要选好鱼饵——投其所好原则

卡耐基是个钓鱼爱好者，每年的夏天他都会去缅因州钓鱼。钓鱼的时候他最常用的鱼饵是乳脂和草葡，并且他个人也很喜欢。但是，他也知道，当他去钓小鱼的时候，它们还是更加喜欢小虫子。于是每次去钓小鱼，他都会带上一些小虫子，尽管别人都用的是乳脂和草葡。

有一次，满载而归的卡耐基遇见了同样扛着钓鱼竿的人，看看卡耐基满满一篮的小鱼，再看看自己空空的鱼篓，那人就问："你是在哪里钓到这么多小鱼的？""不是在哪里钓鱼的问题，问题是你要知道小鱼最喜欢什么，你用它不喜欢的东西来引诱它，又怎么会使它上钩呢？"卡耐基看着钓鱼者钓竿上拴着的草葡微笑着说。

这种现象在心理学上被称为"投其所好原则"。生活中，为什么有很多人感慨"狗咬吕洞宾，不识好人心"呢？为什么有些人只是举手之劳就可以让别人感激涕零呢？

这是因为后者明白对方最需要的是什么，自己该提供的帮助是什么，而前者则是以自己为出发点，用自己的眼光来看待问题，当然不会知道别人最需要的是什么。这就启示我们：搞好人际关系的关键，

就是要清楚对方最需要的是什么，这样才能让对方产生"知己"之感，进而也就拉近了彼此的关系。

学会做最忠实的听众——古德曼定理

　　古时候有个小国的使者来到中国，使者向皇帝进贡了三个一模一样的金人，并同时提出了一个问题：这三个金人里谁是最厚道并最值得深交？皇帝在高兴之余不禁皱起了眉头，心想：这不是故意刁难人吗？一模一样的金人，怎么判断啊？但是他还是想了很多办法，甚至连珠宝匠都找来了，测了重量，检查了做工，但是最终还是没有答案。

　　这时，一位大臣上奏说有办法，于是皇帝将大臣请上大殿，只见大臣胸有成竹地将三根稻草分别插进了三个金人的耳朵里。插进第一个金人耳朵里的稻草从另一边的耳朵里出来了，插进第二个金人耳朵里的稻草直接从嘴巴里出来了，而插进第三个金人耳朵里的稻草则什么反应都没有——那是因为他把从耳朵里进去的稻草装进肚子里了。大臣微笑着对使者说："看见了吧，这第三个金人才是最厚道、最值得深交的。"

　　之所以说第三个金人最忠厚，是因为它懂得沉默。心理学家认为，在人际交往中最有价值的人，是那些能够真正把对方所说的话放进肚子里的人，而并非侃侃而谈、能说会道，甚至根本就不把对方的话放在心上的人。美国加州大学心理学家古德曼首次提出了这一定律，被称为"古德曼定理"。该定律告诉我们：在人与人的交往中，要善于倾听，适当地保持沉默，喋喋不休并不是沟通的有效途径。

懂得与适当的人保持适当的距离——刺猬效应

小胡和小王是很要好的朋友，从大学到现在一直是无话不谈。大学毕业以后，两人在不同的地方工作，但是最近小胡换了份工作，刚巧工作的地方离小王的住处很近，于是两人一合计，小胡就搬到离小王很近的一个小区里去了。小王和女友非非住在一起，于是吃饭、休闲都会叫上小胡一起，这样非非和这个被男友经常提起的老朋友也就熟络了起来。

有一次小胡下班很早，想去看看小王他们，顺便也带了点非非喜欢吃的水果，可凑巧小王那天加班。活泼开朗的非非便说："刚好你就陪我吃饭吧！"饭是非非自己做的，两人吃完饭后就趴在电脑前打游戏。转眼就到了11点，小王开门进来的时候看见自己的女友靠在小胡的背上玩游戏，当时也没说什么。小胡走后，小王和非非大吵了一架。自那以后，小王便渐渐和小胡疏远了。

这种心理现象在心理学上称为"刺猬效应"。两只困倦不堪的刺猬，在某夜刮起大风的时候，由于寒冷而决定相互拥抱在一起入睡。但是不管它们怎么睡，就是睡不着。后来，它们拉开了适当的距离，这时候尽管外面冷风刺骨，但它们却很快就舒服地睡着了。

"刺猬效应"告诉我们，人与人之间的距离要视双方的关系及所处的环境而定，也就是说，你和对方是什么关系，就要与之保持什么样的距离，只有保持适度的距离才能和谐相处。故事中的小胡和非非就是因为没有处理好彼此间的距离，才会让小王误会的。

一语即出，误伤他人——瀑布效应

　　大家吃完饭后坐在一起聊天，东一句西一句的，不知是谁先说了一句："知道不，老张家的女儿昨儿领回个小伙子，高高大大的，我看老张都乐得合不拢嘴了！"其他人立即来了兴致，因为老张的女儿一向拘谨，以学业为重，没想到刚毕业不久就把男友带回来了，这可算得上是一大新闻了。"真的呀，长什么样？""哪儿的人？""谈多久了？"大家七嘴八舌地议论起来，没想到老张的老伴就站在后面，她一向不喜欢别人讨论她的家事，况且这女婿她没相中。只见她板着脸走上前去，大家看见她立即不出声了。"说啊，接着议论啊，想知道什么就直接问我好了！"大家见她一脸怒气，显然知道是犯了她的忌讳，便没有人再敢吭声了。

　　这种现象在心理学上被称为"瀑布效应"。信息发出者在说话时可能是无心的，但发出的消息被对方接收后却引起了心理上的不平衡，进而导致对方态度或行为的变化。这种心理现象，正如大自然中的瀑布，上面是平平静静流动的水，由上落下却激起了千层浪花。这便是"说者无心，听者有意"。

　　"瀑布效应"启示我们：在人与人的交往中，要懂得在什么场合说什么话，并不是所有的话题都可以拿来公开讨论，更不要随便去犯他人的禁忌，以免"出口伤人"，引起不必要的误会。

"软"往往比"硬"更有力量——南风效应

　　周慧是一个性格有点孤僻的人，在与人交往的过程中往往冷言相对，别人好心跟她打招呼，她也总是一副冷冷的样子。时间久了，很多人也就不愿再接近她了。但是邻居小芸知道，其实周慧的心地还是很善良的，某个深夜小芸肚子疼，就是周慧把她连夜送去医院的。

一天，周慧在楼道口遇见了小芸，小芸邀请周慧去家里坐坐，说自己想找个说话的人，没想到周慧反问了一句："没见我刚回来吗？"然后头也不回地走了。不远处，周慧听见小芸在她背后喊："慧姐，那我等你休息好了，随时来我家！"周慧的嘴角微微弯了弯，心想：这小姑娘还挺会逗人开心的。不久，周慧真的去了小芸家，那晚她们聊到深夜。第二天，周慧面带微笑去上班，然后她发现，自己用微笑也换来了同事们的微笑。

现在的周慧已经不同于以前了，身边有了好几个包括小芸在内的亲昵姐妹。原来，那天小芸的一声"慧姐"将周慧逗乐了，聊天的时候，她又发现这个小丫头并不会因自己的冷言冷语而针锋相对，反而认定她就是个"外表冰冷，内心火热"的冰美人，于是她们越聊越投机，周慧不仅采纳了小芸的建议，还表示要改变自己。

这种现象在心理学上被称为"南风效应"。有这样一个故事，北风和南风打赌，看谁能让路人乖乖地脱掉大衣。北风强劲，越吹越猛，路人不仅没有脱掉大衣，反而裹得更紧了；而南风温和柔润，吹在人的脸上暖暖的，行人渐渐将大衣脱了。南风之所以能赢，就是因为顺应了人们内心的需要，使其行为变为自觉而为之。

正所谓"良言一句三冬暖，恶语伤人六月寒"。这个故事给我们的启示就是：以真情感动对方，以真诚温暖人心，这些比针锋相对更加具有"杀伤力"，这也是获得他人认可的有效途径。

勿以己心度他人之腹——投射效应

有一家杂志社曾经针对编辑们展开了一次选题讨论活动：每个策划组都尽量策划出自己认为最具影响力和吸引力的选题，以此来提高本杂志社的读者关注度。

结果，不同的编辑给出了不同的选题：一个初为人父的编辑认为，婴儿从一出生就离不开父母的呵护，但是很多年轻人根本就不知道究竟该怎样照顾婴儿，于是他确定的选题是"呵护从天而降的天使"；一位正处于人际关系紧张期的编辑则认为，为人处世最重要的是要得到朋友的认可，搞好人际关系才能在任何需要帮助的时候获得救援，于是他拟的选题是"人际关系手册"；而一个爱好篮球的编辑则认为，随着生活节奏的加快，人们更需要一种释放压力的途径，于是他提出的选题是"让运动为我们的生活减减压"。

心理学上把这种现象称为"投射效应"，即一种以己度人的心理现象。现实生活中，往往有很多人总是会习惯性地将自己的喜好、特性等投射到他人的身上，并且认为对方也具有这样的特性，但是这样往往会出现很大的偏差，比如你以为对方喜欢听一些恭维的话，于是"投其所好"地阿谀逢迎了一番，结果人家不但不领情，反而认为你是个圆滑的家伙。

这启示我们：当你需要使用"投射效应"来说服对方为自己做事的时候，一定要注意冲破该效应的一贯束缚，不要以自己的喜好去衡量他人，正确投射的效应是巨大的，只有在充分并准确地掌握了对方的喜好后，才能收到积极的效果。

让对方将你看成"自己人"的方法——自己人效应

某位中学班主任，在一开学时就听说班里有早恋的学生。但是他并没有像其他老师一样，把那些早恋的学生叫到办公室，狠狠教训一顿，而是在一周后的班会上开展了一场讨论会——如果喜欢他／她了怎么办。结果，学生们都积极发言，并都各自发表了自己的看法。

后来，老师总结说："其实啊，喜欢并不一定要让对方知道，那是一种很美好的感觉。记得老师当年像你们这么大的时候，也喜欢过班里的一个女生，上课的时候还惦记着她，成绩下降后，我便决定，好好学习，等将来有出息了再向她表白。"

同学们一听老师也有这样的经历，觉得老师其实也像自己一样，老师后来所提的建议，学生们自然很容易就接受了。

心理学上将这种现象称为"自己人效应"。故事中的教师正是运用自己的一个例子来使学生们产生"自己人效应"的。在日常生活中，如果对方将你看作与自己有相同志趣或经历的人，就会在心底渐渐接纳你，不知不觉对你敞开心扉，并接受你的意见。因此，聪明的人会在与人打交道时将"自己人效应"发挥得淋漓尽致，这不仅能拉近空间距离，更能在心理上产生亲近感、信赖感。

不要吝啬你的微笑——曼狄诺定律

从前，有个人名叫威廉·史坦哈，他与太太结婚已经18年了，性格本身就很沉闷的威廉觉得日子越来越无聊了。后来有一天清晨，他史无前例地对自己的妻子露出了一个微笑，并且向她问好："亲爱的，早安！"当时他的太太竟然怔住了。威廉看着自己的太太，微笑着说：

"不必惊讶，亲爱的，我的微笑将会成为今后最为寻常的事。"

从那以后，他就发现，家里的气氛开始变得不一样了，妻子总是很乐意为他做事，并且常常面带笑容，而威廉自己也觉得生活换了一种状态。再后来，他不仅对家人微笑，还对遇见的每一个人微笑，哪怕是在电梯里遇见的管理员。他送出去的每一个微笑都会得到回应，并且换得了一整天的好心情。渐渐地，威廉的生活就开始改变了，因为当他微笑时，整个世界也会笑起来。

这在心理学上称为"曼狄诺定律"，是由美国作家曼狄诺首次提出的。后来被人们广泛应用于企业管理以及人际交往中。美国著名企业家丹尼尔就曾经把一张笑脸作为其企业的标志，不论是厂徽，还是信封、信笺，都会出现一张笑脸。他就是凭借这样一个标志有效管理了自己的员工，将快乐的情绪传递给他们，大大提高了公司的生产效益。

这个定律启示我们：在人际交往中，千万不要吝啬你的微笑，它不仅可以使对方心情愉快，还可以将自己的沉重负担卸下，进而创造出和谐美好的人际氛围。

适当地展露你的错误——犯错效应

心理学家阿仑森做过这样一个实验：在一场竞争尤为激烈的演讲会上，有四位演讲者，其中两位是相当具有演讲水平的才华出众的人，而另外两位则是才华平庸的演讲者。在演讲的过程中，一位才华出众的演讲者不小心将桌上的水杯打翻在地，而另一位才华出众的人则完美无缺；才能平庸的选手之一也一样打翻了桌子上的水杯。

实验的结果表明：那位才华出众并在演讲时打倒了水杯的演讲者

被观众评为最具吸引力选手，而才华出众未犯任何错误的选手则位居第二，才华平庸而犯错的演讲者位居最后。

　　心理学上将这种心理现象称为"犯错效应"。人们往往愿意结识一些比较优秀的人，但是太过优秀的人又会给人一种不真实的感觉，过于完美无缺反而造成了心理上的距离，让人不敢接近，只会敬而远之。但是，一旦人们发现这样完美的人也会犯错，就会消除心理上的压力，让人立即觉得，原来他也是凡人，也会犯凡人一样的错误。

　　这就启示我们：在人际关系中，偶尔犯错是不可避免的，没有人是天生的完美者，如果你相信自己在朋友圈中已经足够优秀，那么在交往中就允许自己偶尔犯犯小错误吧，这不仅会拉近你们的距离，还会为自己赢得更多的喜爱。

第六章

了解他人的心理工具

- -

　　假如原本说得好好的，对方却突然变得不耐烦起来，身体微微向后倾，眼睛不时看向别的地方，原本放在椅子下的脚也伸出来，并且脚尖指着门的方向。那么，奉劝你一句，这时还是别说话了，因为这种姿势是很明显希望你早点离开的暗示。这是如何知道的呢？这就是身体语言的秘密。

　　实际上，人与人在交往的过程中，可以通过很多线索来判断对方心里在想什么，比如身体语言，包括面部表情、肢体动作等，穿着以及平时的兴趣爱好等。了解一个人的内心，可以帮助你结交更多志趣相投的朋友，也可以帮助你识别哪些是真话，哪些是假话，这是促进人际交往的一大技巧。

身体语言定律

  曾经担任美国联邦调查局职员的乔·纳瓦罗，也是一个玩牌高手，他在牌桌上总是能很轻松地看出某个人的小心思。有一次，他看见坐在自己对面的杰克在拿到一张牌时，脸上忽然闪过一丝得意，然后又恢复了平静，这是旁人很难发现的瞬间表情，但是这并没有逃过乔·纳瓦罗的眼睛。

  此外，他还发现杰克放在桌子下面的脚尖向上高高地翘了起来，伴着很有节奏的节拍。于是，在接下来的牌局中，乔·纳瓦罗对杰克提高了警惕。等到局势已开始对杰克不利的时候，乔·纳瓦罗又看见杰克抽回了原本放在牌桌上的手，并放在了大腿上。后来，乔·纳瓦罗根据自己曾经的工作经验以及在牌桌上观察人的技巧，编写了《牌桌阅人术》一书。

  乔·纳瓦罗之所以能够看穿对方的小心思，就是根据一个人的肢体语言来判断的，心理学上把这种现象叫作"身体语言定律"，即通过观察对方的身体语言来解读其心理活动。故事中的杰克特意将得意的表情隐藏起来，其实是想让别人对自己放松警惕，但是他的脚已经出卖了他，那高高翘起的脚尖分明就是在唱着快乐的颂歌；而在牌局不利的时候，忽然收回的双手就是他内心紧张、担忧的表现。

这就启示我们：在与人交往的时候，即使对方没有说话，你也可以通过观察他的肢体语言来读懂他的心理。身体语言是一种非语言性的身体信号，是面部表情、肢体动作、外貌以及躯体间的距离传达出来的信息。在人际交往中，注意观察对方身体语言的人，总是会获得更多的有效信息。

🔔 小讲堂

与口头语言相比，人类的身体语言往往是在无意识的状态下发出的，是一个人内心最真实的情绪的表现。大多数人善于在言语上伪装，却无法很好地伪装身体语言。如果你和一个人说话，对方头也不抬，你就很难再将接下来想说的话说出来了；相反，如果对方抬起头，放下手边的工作，目光注视着你，你会产生被重视的感觉，同时对方也会给你留下很好的印象。

从面部表情看对方的内在情绪

范某陪女朋友逛街的时候在路上遇见了曾有过节的万某，真是应了"狭路相逢"那句话。渐渐走近的万某没等范某开口就先说话了："兄弟，很高兴在这里再见到你啊！"说完还笑了几声，旁人一听就知道是从鼻腔中发出来的。

范某早在心里窝了火，但是在女朋友的面前得适当保持点气度，于是就下意识地将左边的嘴角向上翘起，表示对万某笑笑。

一边的女友看情势有点不对，就说："我们不是要去前面的花店买花吗？再不去就来不及了。"于是向万某歉意一笑，拉着男友就离开了。细心的女友事后忍不住问范某："你是不是和刚才那个人有什么过节呀？"

心理学认为，人在说话时的面部表情其实是内在情绪的外显。人在假笑的时候，脸上的肌肉会显得比较僵硬，因此不仅看上去整个脸部表情不自然，同时左右两边也不对称，这是一种病态的假象；而在表示轻蔑、不屑的时候，嘴角会向一边翘起，展现在脸部的一侧。

故事中的万某在笑的时候，脸上的僵硬和不协调的表情被范某的女友看在眼里；而男友的笑明显就是轻蔑。这便告诉我们：在人际交往中，要注意观察一个人的面部表情，以此来判断对方的情绪，进而协调好彼此的关系，避免发生矛盾。

🔔 小讲堂

面部表情包括眉毛、眼睛、鼻子、嘴巴在内所做的一系列动作，是极其复杂的肢体语言。轻蔑时连说话声可能都是从鼻孔里发出来的，一般嘴角会向一侧上扬，双唇紧闭；厌恶与讨厌时，上嘴唇会向上扬起，直至鼻翼周围的肌肉紧缩，印堂间有皱纹，整个面部表情集中在面部中央；愤怒时双唇紧闭，嘴角下拉，眉头紧锁，眼神犀利；而在悲伤时嘴角会微微向下延伸，眉头和上眼皮低垂，眼睛无神。

隐藏在眼睛里的喜怒哀乐

这天是娜娜的生日，像往年一样，她邀请了很多朋友和同事到家里聚会。她说，人来了就好，不需要带什么礼物，太俗气。但是了解娜娜的好友们都知道，娜娜是那种口是心非的家伙。

晚上8点，门口已经聚集了很多人，大家都结伴来赴娜娜的约。开门时，大家送上了一盒三层的大蛋糕，娜娜似乎不敢相信，睁大了她那双漂亮的眼睛，浓浓的眉毛也跟着挑了起来，似乎在说："这个蛋糕真的好大，我好喜欢呢！"还有很多人也都各自准备了一些小礼物。

大家陆陆续续都已经来了，半个小时以后，马上就要吃饭了，但是娜娜似乎不是很高兴，她看了墙上的钟许多次，看完后总是眉眼低垂或者干脆眯起眼睛，这与她刚才的那股高兴劲儿实在是鲜明的对比。

不多会儿，门铃再次响起，娜娜一骨碌起身朝门口奔去。开门后娜娜刚想说什么，便看见一个用紫色彩带包装好的方盒子，外面还有一层蓝晕，她的目光全被它吸引去了，那双本来就很大的眼睛现在睁得更大了。凝视了几秒后，她仿佛想要看得更加清楚似的，连续眨了好多次眼，那眼睛亮亮的。忽然，令在场的人想不到的一幕发生了：只见娜娜一下子扑进那人的怀里："亲爱的，还是你最了解我。"原来，那人就是娜娜一直在等的男友，他给娜娜的礼物便是娜娜从去年起就一直想买的新款手机。

从眼睛里不仅可以看出一个人的脾性，还可以看出他的内在情绪。当眼前出现了令自己兴奋的事物时，那种快乐的情绪是很难被完全掩藏起来的，就算面部表情没有变化，眼睛也会发出光芒，突然变大的瞳孔，表示的是关注与喜欢。相反，如果是情绪发生变化，对某件事、某样东西感到不满，甚至厌恶时，眼睛就会在瞬间变小，缩小的瞳孔是想阻止不受欢迎的事物进入自己的视线。

娜娜在接到生日礼物时是很快乐的，放大的瞳孔和上挑的眉毛就是很好的证明；但是在等待男友的时候，情绪开始转变，眯起的眼睛和低垂的眉梢是对男友不守时的不满和厌烦；而在看见自己梦寐以求的礼物时，娜娜把眼睛睁到最大，这在心理学上被称为"闪光灯眼"——表示的是来自内心的惊讶与喜悦，也有不敢相信的意味。

可见，在人际交往的过程中，注意观察对方的眼睛，能帮助你获得更多的情绪信号。当你发现对方看你的眼睛眯成一条线，并伴有眉眼低垂的动作时，那就考虑下是不是应该远离这个并不是很喜欢自己的人了。

🔔 小讲堂

首先，睁大的眼睛传达的是一种积极的情绪。当看见自己喜欢的人或物时，情绪表现为积极，瞳孔放大，眼睛睁大，越大表示喜欢的程度越深，有些人还会竭力把眼睛睁到最大，这个时候就是"闪光灯眼"。此外，眉毛也会上挑。

其次，眯起的眼睛表示的是消极情绪。当出现令自己吃惊的事时，眼睛首先也会睁大，以便向大脑传达足够的视觉信息，而当大脑接收到信息后就会立即做出处理，这个时候眼睛便会眯起来，瞳孔缩小，比如遇见具有威胁性的事物，见到不喜欢的人，听到不爱听的音乐，等等。

再次，人在情绪紧张、兴奋、忧虑时，眨眼的频率会增加，甚至出现连续眨眼的动作，这表示的可能是某种斗争。

最后，在交际中，常常有眼皮跳动的情况出现，它表示的可能是对当前话题的怀疑与不认同，或者正在考虑转换话题。

用你的手势获得更多的认可

心理学家做过一项实验，他们要求参与实验的演讲者们在规定时间的演讲中分别使用三种不同的主导手势，即手心朝上、手心朝下以及一根手指在外的握拳状。同时有专门的记录人员记录观众们在每位演讲者演讲期间所做出的表情和动作，以此来作为判断观众对各个演讲者的支持度。

实验结果表明，在演讲中使用手心朝下为主导手势的演讲者，观众支持率只有50%；使用有一根手指在外的握拳状为指导手势的演讲者，获得的观众支持率只有28%，甚至还有中途退场的观众；而使用手心朝上的演讲者的观众支持率高达86%。

借助手势来传达指示的动作以这三种动作为主，而人们最容易接受的是手心朝上的动作，因为手心朝上表示的是一种妥协、善意与服从，因而也就不会给人造成被胁迫的感觉，因为你向上的手心似乎在告诉对方：我的手上并没有武器。而手心朝下的动作表示的则是一种权威性，给人的是被压迫的感觉，似乎被指示一方在地位上低人一等，当然不容易被人接受。而那种只有一根手指在外的握拳状指示手势似乎在说：立即照做，不然就试试看！试想，如果现在有人这样指示你，你乐意接受吗？

这三种手势在日常生活中还有很多实际例子，比如在出电梯的时候，你想让站在你身边的女士先出去，就可以使用手心朝上的手势来示意，女士也许只是笑笑，但是她肯定会认为你是一个很有风度的人。这就启示我们：在人与人的交往中，表现得谦卑、尊重、友善的人会得到更多人的喜欢，而太过强势往往会被拒之门外。

🔔 小讲堂

表示自信的手势：

1.尖塔式。双手十指张开，然后仅指尖相对合在一起，手指并不交叉，手掌也不接触，做这种手势时，越靠上，表示的自信度就越高。

2.竖起拇指。不管是将手放在口袋里，还是叉在腰间，即使你的手指是交叉攥在一起的（表示的是十分消极的情绪），这个时候，只要你肯露出你的大拇指，那么你便会立即变得积极自信起来。

表示不自信的手势：

1.双手十指交叉攥在一起，是一种焦虑与苦恼的信号。

2.拇指插进口袋里，只露出其他四根手指。

3.双手僵硬。一般当说话者遭受心理压力时，比如说了谎话、担心谎言被揭穿，便会尽量减少手部动作，以免露出破绽。

4.反复搓手。用手指尖轻微地在另一只手的掌心摩擦；而当怀疑、压力的情绪加深时，十指会交叉起来摩擦。

5.抚摸动作。当说话者面临压力时，便会用手指抚摸身体的某些部位，以此来缓解情绪，比如手指抚摸颈部给人不自信、焦虑的感觉；手指触摸鼻翼，代表说话者对所说的话不自信；手指拽拉衣角，多半是内心羞怯的表现。

手臂传达的信号

卫阳最头疼的事莫过于坐地铁。每每此时，他都会深深地感慨：这世界上的人真是太多了！有一次，卫阳被一堆人挤着上了地铁，也不知是谁在后面推了他一下，卫阳一个趔趄，只觉脚下一颤，像是踩到了什么东西。他本想低头看看，可一眼就触到了一束尖利中带着点无奈的目光，卫阳这才明白过来，是踩到她的脚了。

尴尬的卫阳也不知道该说什么，紧接着那名女子就把两只胳膊抱在了胸前，左肩的皮包也被紧紧夹在怀里。这些动作不禁让卫阳哭笑不得。但是，看看地铁里的人，有几个不是这样的呢？站着的人叉开双脚，双臂交叉抱在胸前，即使是拉着扶手，另一只胳膊也会紧紧地连同背包压在身体一侧，那些坐着的人也会摆出各种各样的姿势。这个时候，卫阳突然想：都是陌生人，也难怪。

公共场合，假如是陌生人，太近的距离就会令人不自在：担心会对自己造成威胁，担心隐私遭到侵犯，这时人类的本能反应便是自我保护。通常情况下，胳膊抱在胸前表示的是消极地拒绝，不准对方靠近，以免对自身形成威胁，本质上是自我保护的惯性反应。而站立时，叉开的双腿表示的是领地的占领，同时也可以避免紧急刹车时身体失衡。

这些姿势在公共场合很常见，读懂它们便不会失礼于他人。这就启示我们，不仅有必要读懂这些手臂传达出来的信息，了解这个时候对方在想些什么，而且在某些时候，自己也可以通过这种方式向他人发出信号。

🔔 小讲堂

手臂会在人体感觉将要受到威胁时，保护身体不受伤害。

1. 手臂收回的动作。面对消极的情绪，人们会自然地收回手臂，好使手臂时刻保护着自己，同时也能起到很好的安慰作用。那些正在争吵的人，往往会把双臂抱在胸前，这个动作不仅能保护自己的身体不受侵害，也可以起到抑制的作用。

2. 双臂背后。很多人喜欢将双臂背在身后，其实它表达的意思是"不要靠近我"，这样的人往往有较浓的地位意识，会在不知不觉间拉大彼此的距离。

3. 双手叉腰。这是一种捍卫领地的动作，它与叉开的双腿有类似之处，同样是很强的领地宣言，表示自己的地盘神圣不可侵犯。

4.双臂主导。手臂伸展，同时张开手指按压于桌面或者其他物体上，这个动作表示的是强调与权威，同时也是一种自信的表达。

小心腿脚暴露你的性格

麦克是个很有才能的人，学历也很高，但是他的人缘不是很好，别人都认为他很傲慢，有种很强的自我意识。自从上次的工作丢掉之后，他就一直在家待着，也面试了好多公司，但是最终都没有成功。这次，麦克又接到一个面试通知。面试的时候他像以往一样表现得很自然，面对面试官的提问，麦克对答如流，给面试官的印象很好，他们频频点头，脸上露出了微笑。

扬扬自得的麦克有点轻飘飘的感觉，然后他竟然把一只脚盘在了另一条腿上，还不停地晃动着身体。面试官们见状面面相觑，收起了笑容，显然这很让他们吃惊。在决定是否应该留下麦克的问题上，几位面试官做出了一致的决定：麦克有很好的条件，但是如果他加入我们的团队，会给公司的合作意识带来冲击，因为他不懂得尊重人，人际关系肯定不会好。

心理学家认为，人的腿脚虽然距离大脑最远，但是它们所反映出来的信息可信度不比其他部位差。甚至还有一种很流行的说法："最诚实的是人类的腿脚。"腿脚的摆放姿势在一定程度上可以反映一个人的性格特征。

比如，故事中的麦克，一只脚放在另一条腿上的姿势显然是性格傲慢的表现。说话时喜欢抖动腿脚的人，常常被认为是自私的人；喜欢跷着二郎腿的人，虽然比较自信，但是有时也会过于自傲。这些启示我们：在人际交往中可以通过观察对方的腿脚摆放姿势判断其性格特征，同时，我们要想给别人留下比较好的印象，也要留心某些时候不经意间的腿脚小动作。

🔔 小讲堂

不同的腿脚姿势传达着不同的信息，同时也在不经意间暴露一个人的性格。

1.快活地跷着脚，或者是双腿双脚一起有节奏地摆动颤动，这是一个很有感染力的快乐信号，心理学上称之为"快乐脚"。某些女士在内心喜悦时还会用脚尖将自己的鞋子挑起来，并且上下踢动。

2.当面对不耐烦的话题，或者是有事急着离开，对方就会改变脚尖原来的方向，心理学上称之为"转向脚"。更加有趣的是，很多观察者都发现，大多数人做出"转向脚"之后，脚尖的朝向往往就是他即将要前往的地方。

3.站立时叉开的双腿是领地捍卫的宣言，这样不仅使自己站得更加稳当，还会占有更多的空间。当一个人想要在你面前树立权威时，便会使用这一动作。另外，对方的双腿如果是由先前的合并在一起到突然叉开，那么，很可能是他开始不高兴了，或者是情绪上有了波动。

4.站立时双腿合并，双脚交叉放置，浑身的重力只集中在其中一条腿上。这表示的是一种高度的舒适感，当两个交谈的人摆出这样的动作，就表示谈话的融洽与关系的和谐。

从读书种类看对方的思想情操

有一次，霍夫曼博士接待了一位咨询者。咨询者是这样说的："我参加工作已经三年，是一家公司的小职员，但是我很想有自己的事业，本来想从小职员做起，慢慢往上升，可是我的表现似乎总是得不到大家的认可，最近我很烦闷，不知道是继续留在这里，还是……"

霍夫曼博士没等他把话说下去，就说："你知道自己擅长什么吗？"那人摇摇头。

"刚刚看了看你的基本资料，兴趣爱好一栏，你写的是读书，那么，请告诉我你喜欢读什么书呢？"

"兵书。"那人几乎毫不犹豫地就脱口而出。

"很好，那我建议你现在就辞职吧。"

后来那个人果真辞职了。两年后，他开了一家自己的投资公司，并且已经是赫赫有名的商人。

霍夫曼博士根据自己多年的研究发现，一个人阅读的书和他的性格有着十分紧密的联系。因此在知道咨询者的读书爱好后，根据其所喜好图书的类型，就可以判断出他的性格特征，以及该从事的职业。喜欢读兵书的人，擅长研究谋略，能够随机应变，他们中间不乏政治卓越者、学识渊博者、商人、军人等。而事实也证明了霍夫曼博士的判断是正确的。

这就启示我们：在人际交往中，可以通过一个人喜欢阅读的书籍来判断他的性格特征；同时，你如果希望自己有什么样的性格，可以通过阅读相关的书籍加以培养。

霍夫曼博士根据研究总结得出一些可以看出一个人性格的例子：

1.喜欢阅读言情小说的人，感情丰富，多感性，生活中态度积极乐观，相信自己的直觉，即使是遇到挫折，也能很快走出阴霾。

2.对推理侦探类小说上比较沉迷的人，善于解答疑难，爱动脑筋，喜欢接受挑战，敢于面对生活中的难题。

3.爱好武侠小说的人，个性鲜明，爱憎分明，常常有远大的梦想和抱负，向往自由，不喜欢受拘束的生活。

4.经常阅读恐怖小说的人，多喜欢冒险，不甘于平淡无奇的生活，追求丰富多彩的生活方式，这类人或许对当前的生活感到压抑，希望在书籍中寻求些许的刺激，暂时抛弃忧愁与苦闷。

5.常常在传记类书籍中徜徉的人，思想成熟，凡事深思熟虑之后才会付诸实践，有雄心壮志，同时也敢于尝试并踏实肯干，因此很容易取得一番成就。

6.对新闻、报纸、杂志等感兴趣的人，善于接受新事物，具有现实主义精神。

7.总是沉醉于诗歌中的人，往往对生活充满热情，善于观察生活、体悟生活，追求简单纯美，向往人性最初的真善美，不喜欢纷繁复杂、尔虞我诈的人际关系。

8.如果对女性读物比较热衷，那么这个人比较有进取精神，工作上严谨认真，生活上一丝不苟。

9.对财经类书籍颇为关注的人，往往喜欢表现自己，个性要强，善竞争，男性一般都会有较强的事业心。

10.还有些人喜欢阅读《圣经》之类的书籍，这样的人通常有比较好的人际关系，宽以待人，严于律己，不管是在生活中，还是在工作上，都会踏实进取，诚实肯干。

03

第三编

行走职场的心理自助课

第七章

人在职场必修的心理课

··

　　每个人都有自己的强项和弱项，成功的人不是因
为他们有多高的智商，而是因为他们找准了自己的位
置。为什么你一直默默无闻？你是不是还是职场的
"穷忙一族"？是不是还在为能力得不到发挥而苦恼？

　　无论怎样都不要怀疑自己的能力，这其中很大的
可能性就是你一不小心站错了位置，因此要从现在开
始找准自己的才华坐标，正确看待成功之前的一切磨
砺。此外，要做一个职场达人，你还要懂得一些职场
人士必须要懂的心理常识，它们将点拨你在职场上的
一言一行。

给自己的才华找准坐标——瓦拉赫效应

小西在一家不大不小的公司上班，但是已经工作两年的他总是觉得自己似乎还是老样子，钱没存多少不说，还越来越感到生活的巨大压力，整天忙忙碌碌，为生活奔波，看不见收获在哪里。最近，小西特别郁闷，因为大学好友小朱已经开始筹备婚礼了，小朱用两年的时间，不但找到了好工作，还把女朋友也带回了家。小西自认为并不比小朱差，可是差距怎么就这么大呢？

心情糟糕的小西无处发泄，就在微博上发表了一些文字，主要是记录自己每天瞎折腾的琐事。时间久了，小西发现这种发泄心情的方式还是挺有效的，不仅心情好了很多，而且最近他发现自己的微博有很多人浏览并给了很多建议和鼓励。

某天，忙活了一天之后，心情沉重的小西登上了微博，发现有一条未读消息，点开一看，上面写着：您好，读了您的《小记"瞎折腾"》后很受感染，可否考虑在我公司出版？之后，小西的文字真的在一家出版社出版了。从此，小西灰暗的人生彻底被改写了。

心理学上将这种现象称为"瓦拉赫效应"。奥托·瓦拉赫是著名的诺贝尔化学奖获得者，在他小的时候，父母希望他走文学这条路，但是老师认为他"过度拘泥，很难在文学上崭露头角"。学油画时，他又被老师狠批为"绘画艺术方面不可造就之材"。那时的瓦拉赫是全班最笨的学生。但是，化学老师发现了他的天赋，并鼓励他在化学上尽情发挥自己的长处，最终连那位化学老师都没想到的是，瓦拉赫居然成了化学界的"天才"。

或许我们每个人都有与瓦拉赫一样的童年经历，很多方面都不被认可，认为这也不行，那也不行，结果就真的不行。我们能否成功，并不在于能否有瓦拉赫一样的运气，能够遇见一个慧眼识人的"化学老师"，而在于我们善不善于发现自己的长处，并在做出一番行动之前为自己准确定位。瓦拉赫的故事启示那些正在或即将投身职场的人，为什么一直平平淡淡？为什么整天忙碌却一点不见成效？为什么工资始终不见涨？为什么生活压力越来越大？……好好考虑一下现在的状况吧，也许你真的该重新给自己定位了。

正确对待成功前的历练——蘑菇效应

人人都希望自己的人生能够一帆风顺，生活如沐春风、如鱼得水，事业飞黄腾达、平步青云，希望不用花费太多的精力就能找到最适合自己的工作……但是你要知道，这一切并不会轻而易举地就能得到，而需要自己去争取。

惠普公司前CEO（首席执行官）卡莉·费奥瑞娜毕业于斯坦福大学，她毕业后的第一份工作，是在某地产公司做电话接线员，每天的工作只是打字、复印、收发文件、整理文件等杂活。家人和朋友都对此感到不满和可惜，他们觉得，难道一个名校毕业的大学生就做这些？但是卡莉没有一句怨言，继续边努力工作边学习。

都说机会是给有准备的人的，的确如此。一天，公司的经纪人问卡莉能否帮忙写点文稿，她点点头。而就是这次撰写文稿的机会，改变了她的一生，在不断的努力下她最终成为惠普公司的 CEO。

"蘑菇经历"是事业上最为漫长的磨炼，也是最痛苦的磨炼，它对人生价值的体现起到至关重要的作用。无论多么优秀的人才，初次做事的时候都会有一段蘑菇般的经历，不同的是时间的长短。时间长的人，可能会被人认为是无能者；时间短的人，便是成功者。"蘑菇经历"是人生的一笔宝贵的财富。

职业道路上的磨炼不是舞台上的演出，不仅需要进入角色，还要承受现实生活的种种不幸，经历事业上屡挫屡败的痛苦。事业中总有种种不如意，但一个意志坚强的人，能将逆境变成顺境，能在挫折中找到转机。所以说，一帆风顺的人很难取得超常的成就。这段忍辱负重的经历就像蚕茧羽化前必须经历的一步，也只有那些能够忍受这一切的人才能得到阳光普照的机会。

知道自己要做什么，才不会有"来不及"的遗憾

从前有一个街头艺人，年轻时向往自由的天性使他不能长时间待在一个地方，最终他放弃了家人，放弃了工作，放弃了恋爱 4 年的女友，一个人到处流浪，以弹唱为生。

但是有一天，一位医生告诉他，他患了绝症，他顿感生命的短暂，那一刻，他只想依偎在母亲的怀抱里哭泣，想看看女友忧伤而充满令人疼惜的眼神。但是，母亲在哪里呢？女友又在哪里呢？于是他决定回家。

在回家的路上，他才真正意识到，原来他这一生最想拥有的并不是自由，而是患难与共的相随。他想：如果这次回去还有机会，我一定要好好找份工作，努力挣钱照顾我的父母，我要去找我的女友，

如果她肯原谅我，我就与她组成一个幸福的小家，养育我们的下一代……不，我不要现在就死去，我已经知道我要做的是什么了，不能让我现在就离开！但是，没等他回到家，病魔就夺去了他的生命。

心理学上把这种现象称为"摩西奶奶效应"。美国艺术家摩西奶奶，到暮年之时才发现自己原来最想做的是绘画，并在绘画方面表现出了非凡的才华，于是她75岁开始学画，80岁时才举办了人生中第一次也是最后一次画展。

故事中的街头艺人在临死前才知道自己这辈子最想拥有的东西，摩西奶奶到年老时才表现出自己的才华。这些其实都在启示我们：每个人都要在年轻时明白自己究竟需要的是什么，努力发掘并去实现，才不会留下遗憾。

正视不足才能更加完善自我

牛顿小时候很喜欢手工制品。有一次，他花了很长的时间完成了一架新风车的模型，他为自己的创作而自豪，于是兴冲冲地跑到教室里去向同学们炫耀。结果同学们看到后就开始议论起来："它怎么不会转呀？""怎样才能让它转起来呢？""如果它转了，原理是什么呢？"一个个的疑问扑面而来，牛顿根本就不知道该怎么回答，只是站在原地一动也不动。

有位同学看出了牛顿的尴尬，就故意刺激他："风车做得是好，但是你连这其中的道理都不懂，岂不是一个简单的小木匠？"回家后，牛顿努力钻研，并发誓一定要弄清楚。在以后的学习与研究中，他都将这次的经历当作教训，时刻提醒自己。正是这种精神使他在日后成了著名的科学家。

牛顿因为得意而忘形，但同学的嘲讽让他看到了自己的不足，促使他不断完善自己。正是因为不足才有继续努力前进的动力，正是因为不足才有完善的意识。这便提醒我们：身在职场，有不足与缺陷并不可怕，可怕的是不能接受、不知进取。只有不断地发现它、正视它、纠正并努力克服它，才能不断进步。

接受现实才能解决问题

20世纪30年代，美国经济大萧条，从事保险业务的业务员理查德，发现自己的工作似乎越来越困难了，几天下来，一单生意都没做成，他的销售业绩一直徘徊不前，眼看就要面临失业的危险。

一天，经理问理查德："你觉得自己在未来的三个月内，工作的业绩会到什么程度呢？"

"……具体的我自己也不能保证，但是我会让您满意的。"理查德很小心地说。

经理看着面前的理查德，说："我是说，你有没有想过要怎样对待阻碍你工作的问题呢？"

理查德很小声地回答说："没有。"

这时候经理意味深长地说："那现在就好好想想吧。但是我想说的是，不管你把工作做到何种程度，只要你肯做，每个人都有机会取得好的成绩！"

这次谈话之后，理查德便信心倍增，他甚至把每个客户的家门敲了10遍以上。正因如此，理查德的名字才没有出现在裁员名单之上。

某家公司的老板调查过，那些高效率的优秀员工很少会在某一件事情上达成共识，一个人深信不疑的事情，另外一个人会心存怀疑，但是，在他们的身上都有一个相同的特性，那就是勇于面对并接受现实。当一个人面临困难的时候，最可怕的是还在欺骗自己什么也没有发生，如果不能接受现实，问题就永远无法得到解决。理查德的故事给我们的启示就是，当遇见阻碍的时候，既不能缩小它，也不能放大它，更不能无视它，只有正视它，才能看清楚它的本来面貌，才能想办法去解决它。

做个有头脑的员工

有一次日本某公司准备招聘一位高级女职员，在众多应聘者当中，进入最后角逐的是林子、玉子、美子三名高才生。但是她们不相上下，公司一时无法决定去留。

这天，距离面试时间只有10分钟的时候，人事部部长发给她们每人一套白色制服和一只精致的黑色公文包，要求在面试的时候用。但是制服上都有一块污点，而人事部部长也千叮咛万嘱咐，说总经理希望看到的是一个面容整洁、仪容得体的人，那污点显然是要不得的。但是如何处理这块污点呢？这就成了三位面试者的难题了。

结果，情急之下，林子用手反复地涂抹制服上的污点，反而使污点愈加大了，整件制服看上去已经不成样子，人事部部长见了后直接让她回去不必面试了；玉子则冲进了洗手间，用清水冲洗，污点是不明显了，但是制服上有一大片水迹；而美子什么都没做，只静静地等待着面试的到来。

面试的时候，总经理刻意观察了一会儿玉子和美子，只见玉子的制服上有一片未干的湿痕，手里什么也没有，而美子则很端正地站着，手里捧着黑色的公文包，总经理并没有在她的制服上看见污点。原来美子用那只黑色的公文包将污点遮住了。公司最终留下了美子。

最简单的问题往往会难倒最多的人，这个时候不是考你的专业知识有多精通，也不是考你的智商到底有多高，考的其实还是在面临问题时，如何充分转动你的脑筋。三名面试者其实都是很不错的人才，但是在处理紧急事件时，只有有头脑、有智慧的人才能笑到最后。

现代企业招聘其实不乏高才生，但是他们往往在处理紧急事务时，容易受常规模式的限制，结果进了死胡同。这个时候，有头脑的人就会充分展现他们的机智与灵活，成为现代企业急需的"头脑型"人才。这就提醒我们：工作中千万不要太过于死板，一条路走不通可以换个思考方向试试，要用头脑做事。

分配好你的精力和时间——二八法则

美国企业家威廉·穆尔曾经在格利登公司做油漆销售员。第一个月，他仅仅赚了160美元，这个数字的确很让人寒心。不过他是个爱学习的人，很快便在犹太人的经商智慧中发现了"二八法则"。他仔细地观察自己的销售图表，并做了进一步的分析，结果发现自己80%的收入，实际上多集中在20%的客户身上，但是他过去对所有的客户花费了同样多的时间——这就是他过去失败的主要原因。

我们不得不说，他是个聪明的家伙。于是，他要求把他最不活跃的36个客户重新分派给其他销售人员，而自己则把精力集中在最有希望的客户上。不久，他一个月就赚到了1000美元。穆尔学会了犹太人经商的二八法则，这使他最终成为凯利—穆尔油漆公司的董事长。

社会约80%的财富集中在20%的人手里，而80%的人只拥有20%的社会财富，这就是"二八法则"。20%的人支配别人，80%的人受人支配；20%的人做事业，80%的人做事情；20%的人会坚持，80%的人会放弃。该法则告诉我们：无论做什么事都不能"胡子眉毛一把抓"，而是要分清主次、找准关键，正所谓"对症下药"，才能充分发挥药效；同时，还要懂得充分合理地利用自己手中的资源，千万不要在不必要的地方做不必要的投资。

如果每个人都能够清楚、透彻地了解该法则，那么他们就会知道该如何把握时间与精力，进而采取有效的倾斜性措施，这样才能"四两拨千斤"，将自己所要做的事情做好。

办事要量体裁衣

某中学的杨老师刚刚上任，就碰到市委到各中学进行实地考察，并到该校抽人，要求每人写出一份调查报告，而杨老师也被抽去了。开始的时候他也感到为难，因为自己刚刚开始工作，对工作本身还不了解，更别提本市的教学情况了。他本不想参加，但是无奈校长已经开口，他也不好意思拒绝。

结果一个多月过去了，当别人都按照布置的任务提交了工作报告时，杨老师还没有摸到头绪。因为没有按时完成任务，杨老师受到了批评，还影响了整体考察工作的进展。杨老师又气又恼，结果自己待在家里生闷气，卧床半个多月。

杨老师从一开始就知道自己不行，但是碍于面子，又不好意思拒绝，才勉强接受任务，可是他接受了自己根本就不可能完成的事情，后果只会更糟。

每个人都有自己的极限，都有自己的优点和缺点，在接受任务的时候，你积极主动的工作热情固然好，但一旦失败，便很可能影响其他人的工作，影响团队的工作。说出去的话，泼出去的水，做出的允诺如果最终无法兑现，你失去的不仅仅是机会，还有别人对你的信任。因此，这就提醒我们，凡事量体裁衣，做能力范围内的事，才是明智的选择，否则，后果只能自己承担。

别让"短板"限制了你的发展——木桶原理

刚刚从名校毕业的李清在一家报社做编辑，他有很好的文采，在校时也积累了一定的编辑经验。工作半年后，他凭借自己出色的工作能力获得了上司和同事的认可。但是最近李清越来越烦恼，因为近期的几次例会，领导都会找他发言。李清是个性格内向的人，只要一当众发言，就会不由自主地紧张起来，连说话都有困难，更别提发表见解了。

上司本来觉得李清是个可塑之才，但时间一长，大家都觉得李清只会自己工作，对公司的事根本不上心。后来，上司多次找他谈话，让李清很难接受，他也知道是自己的缺点限制了他，但是怎么办呢？

这便是心理学上的"木桶原理"在个人身上的表现。假如把你的人生比作一只木桶，那么，木桶的短板就是你的缺点。在实际的工作、生活中，每个人都有一块或多块限制性短板，它也许是你性格上的缺陷或毛病，也许是你为人处世上的不足，也许是你在某一领域专业知识的匮乏，但不管是什么，都应该被重视起来，并且努力加以弥补。

有一个关于大学生的故事，该名大学生刚毕业时在一家外企工作，后来又下海经商，最终失败而归。后来，他在自己的家乡摆起了修鞋摊。当别人都在为此惋惜的时候，只有他自己才知道，现在的他意志已经被消磨殆尽，学校里所学的知识也忘得差不多了，他无法战胜自己，使自己重新站起来面对这个世界，修鞋摊实际上是目前比较适合他的选择。

无论什么时候，你都得记住，短板出现了并不可怕，关键是要努力将它加长，一只木桶容量再大，只要有一根短板，就永远装不满水。

干一行爱一行——专一效应

芬尼曼是某家连锁超市里的物品打包员，他的工作简单而乏味，每天就是做一些反反复复的手头活。有一次，他听了一个"建立全民岗位意识和敬业精神"的专题演讲，深受感染，于是决心做些什么以使自己的工作变得有趣起来。回家后他就让父亲教他使用计算机，并设计出了一套程序。

在接下来的工作中，芬尼曼都会利用下班时间在计算机上搜索一些有趣的小故事，再将它们打印出很多份，并在背面署上自己的姓名，第二天给客户打包时，他就将小纸条投进买主的购物袋里。

不久，芬尼曼的柜台前就聚满了客户，人们在购物结束后都纷纷向芬尼曼索要那张带有"趣味一读"的纸条。从此，芬尼曼不仅成了超市里最受欢迎的打包员，而且还为超市赢得了更多的客户。

人之所以会觉得生活枯燥无味，觉得工作不适合自己，想要改变目前的境况，其实源于对现实的不满。而怎样在平凡的日复一日、年复一年、平淡而又平凡的日子里挖掘出不平凡，品味出丰富的、新鲜的味道，就需要有足够的对待生活与工作的热情。

正所谓"干一行，爱一行""在平凡的岗位上创造出不平凡"，就像芬尼曼一样，只有做到这样，才能保证自己不管是在何种岗位上，从事什么样的工作都能发现生活不同的意义，这也是身在职场的人必须要具备的一种精神。

第八章

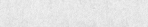

让别人喜欢你的心理策略

　　一个人的工作环境越复杂，良好的人际关系就越难建立和维持，愉快的工作氛围就越显得难能可贵。假如你能获得他人的喜欢，那么好的人际关系也就不请自来了。

　　怎样才能获得别人的喜欢呢？听听心理学家给你的一些建议吧。好人缘可不是一朝一夕得来的，而是需要你用心经营，虽然要花费不少的心思，可一旦你拥有了它，工作就会变成一件使人倍感享受的事了。

想要赢得别人的喜欢，首先你要对他感兴趣

人人都希望别人能够喜欢自己，希望自己受到欢迎，但是这似乎并不是一件很容易的事。一位心理学家写过："不对别人感兴趣的人，他一生中的困难最多，对别人的伤害也最大。所有人类的失败，都出于这种人。"

著名魔术师哲斯顿，被世界公认为"魔术师中的魔术师"，他一生中创造了无数幻象来迷惑观众，大家不惜花费高价买票看他的魔术演出。在他最后一次在百老汇的演出中，有人询问他成功的秘诀，他只说了两点：一是将自己在舞台上的个性充分地展现出来；二是真诚地对台下的每一个人感兴趣。原来，想要对方喜欢自己，自己首先要真诚地对对方感兴趣。

一个爱好绘画的人，首先要对绘画感兴趣，这样才有激情去学习。有一位绘画大师说过："我欣赏一幅画，只要几分钟就能感觉出这位画家是否喜欢别人，如果画家不喜欢别人，那别人也不可能喜欢他的画。"连作画都是如此，那么为人处世呢？

在生活中，当你在与对方说话时，声音和动作可以充分表现出你的兴趣。因此，你轻松而愉悦地向对方说一声"早上好"，对方接收到的不仅仅是简单的问候，或许还有一整天的好心情。

适当包装自己，使自己成为"同类人"

小林刚开始工作的时候，非常不注重个人形象，因为她觉得，公司看重的是业绩，而不是穿着。周围的女同事都脚踩高跟鞋，穿短裙，优雅端庄，她们还常常聚在一起讨论"这件衣服款式不错，在哪里买的""今年夏天的流行色是什么"诸如此类的问题。而小林很少参与这样的话题，似乎自己和她们根本就不是一个世界里的人。

一次偶然的机会，小林的舅妈（只比她大一岁而已）来看望她，两人在逛街的时候，她在舅妈的鼓励下买了两套职场白领穿的比较时尚的服装。

当她脚踩高跟鞋，穿着新买的衣服去上班的时候，她发现几乎全公司人的眼光都在她的身上。休息时，女同事们都凑过来询问，大家给了她很多的赞美，她一下子就感觉自己和大家的距离拉近了。

很多人追求舒适自然，但有时候适当地包装，绝对不是隐藏最真实的自己。心理学中有一个心理现象叫"同体效应"，也就是说，只有把自己包装成与大多数人相类似的人，才能更快拉近彼此的距离。

外表虽然不是最重要的，但是人们都喜欢和自己看起来比较相似的人相处。类似的穿着习惯会拉近你与同事之间的距离，获得更多人的喜欢。学会像他们一样精心地包装自己，这不仅决定了你对待自己的态度，也会影响他人对你的看法，以及人际关系的好坏。

背后说好话，给同事设下一个"甜蜜陷阱"

文文和小赵因为工作上的事闹得很不愉快，两人虽然也都有心解决，但是一直碍于面子，谁也不先开口。一个很偶然的机会，小赵的母亲来公司看望她，但当时小赵不在办公室，文文见老人家一个人待着，就主动上前搭话。

小赵的母亲也是个有文化的人，询问了文文的工作情况，又询问小赵在公司的表现如何，于是文文就将小赵平时在公司里的出色表现详细地讲给她妈妈听，并肯定了小赵的工作能力以及自己对她的赞赏。小赵的母亲听后脸上露出了欣慰的笑容。

第二天在电梯口，文文正好和小赵面对面遇见了，小赵竟然主动向文文打了招呼，并且说很感谢文文为她说了那么多的好话，让母亲开心了好久。从那以后，两人又和好如初了。

在背后说的好话，会在不知不觉中传进被夸的人的耳朵里，并且他会更加觉得你是真诚的，由此对你充满感激。喜欢听好话似乎是人的一种自然心理反应，他人的赞美总是会带来自豪感，受到激励与鼓舞的同时，还会对说好话的人产生由衷的感激和亲切之感，心理距离也在瞬间拉近了。

这种好话并不是刻意地讨好，过于夸张的赞美往往会使人反感，尤其是在公共场合直接表达你对一个人的欣赏之情。因此，聪明的人不妨在背后闲谈时，多说说别人的好话，相信这些好话总会有传进他耳朵里的一天，它们经过传播者传给被赞美者，会产生更好的效果。

适当表达你的喜欢

世界上著名的推销员乔·杰拉德，曾经一度打破了世界销售纪录——平均每个工作日卖掉五辆卡车，被称为"世界上最了不起的卖车人"。

当有人问他"为什么你会如此成功"的时候，他的回答是："我得让我的顾客先喜欢我，这样他们才会喜欢我所推销的产品。"他在每个节假日都会给他的客户亲自送去一份表示问候的贺卡，贺卡上的内容虽然有所不同，但是每一张卡片上都会有乔亲手写的"我很喜欢你""我很欣赏你"之类的句子。这些卡片每逢节假日便会准时出现在人们的信箱中。正是这种看上去似乎有点"自作多情"的做法赢得了客户的信赖，让乔创造出了世界销售奇迹。

有一种心理现象叫作"相悦机制"，是指人们在情感上的一种相互喜欢、相互融合的现象。也就是说，对方是否喜欢你，是你决定是否该继续与之交往下去的重要因素之一。

人际交往中，如果对方能够为你带来快乐，他的言行也充分肯定了他比较喜欢你，那么，就会有一种内在的驱动力驱使你去主动接近他。因此，在与同事相处时，我们不妨先向他们表达出自己的喜欢、欣赏之情。俗话说"巴掌不打笑脸人"，如果你对对方笑脸相迎，对方自然不忍心让你的热情受挫，更没有必要冷漠地对待一个喜欢自己的人。

提高你的出镜率——多看效应

杨雪进公司一年多，连升了三级，不是她有多么专精的业务知识，也不是她多么会拉关系，而是她在充分展现自己出色的工作能力的同时，还让大家都喜欢上了她。

杨雪在学校的时候就是学生会里赫赫有名的"小领导"，工作了以后她依然保持着活力与热情，虽然再也没人称自己为"小领导"，但是她知道，今天的我为他人服务，总会有一天他人也会为我服务。

刚开始进公司的时候，杨雪除了完成上级布置的任务，还经常为同事们帮点小忙，比如去打水时，谁没有水了她会帮忙；谁早上没时间买早点，她会帮忙带早点；谁临时有事需要人代班，她会帮忙。时间一长，就连管理卫生的阿姨都夸这个小丫头好。当然，聪明的杨雪还会在遇见领导时热情地打声招呼，在例会上也会积极主动地发言，时间久了，领导对这个机灵的员工也有了很深的印象，再加上她本身就有很出色的工作业绩，升职便成了理所当然。

心理学家查荣茨做过这样一个实验：他向参加实验的人员出示一些人的照片，但是每张照片出现的次数不一样，有的只有一两次，有的则多达数十次，然后他请这些人据此来说说对这些照片上的人的喜爱程度。结果显示，人们的喜爱程度和照片的出现次数成正比例。也就是说，那些经常出现在他们面前的人获得了更多的喜爱。心理学上将这一现象称作"多看效应"。故事里的杨雪不仅提高了自己的"出镜率"，还聪明地服务了他人，当然会取得事半功倍的效果。

机会总是留给积极主动工作的人

某建筑公司准备招聘一位经理助理，最后进入角逐的是小张、小李和小岳。三个人各有所长，但这不是经理考虑的重点。

这天，经理将这三个人叫到工地上，指着面前的几堆砖块对他们说："每人负责一堆，只要将它们码好就行了。"三个人面面相觑，也没说什么就开始做了起来。

不一会儿经理走了。小李说："咱们不是都被录用了吗？怎么叫我们来做这些？"小张接着话茬说："是啊，真是累，歇会儿吧，反正经理不在。"说着就放下了手里的活儿。小李也慢慢停了下来，只有小岳没有说话，他心想，经理这样做肯定有他的道理，先做完再说吧。

半个小时过去了，经理回来了，小张和小李的砖才码了一半，而小岳的砖早已经码好了。经理看着他们说："这次公司只准备录用一个人，你们三个都很不错，但是我想只有小岳比较适合这份工作。"小张和小李不明就里，还想说什么，经理看出了他俩的心思，说："刚才其实是一场考核，面对这场考核，你们的做法我都看在眼里了。"原来他们以为经理走了，其实经理就在不远处观察着他们。

据说在美国战争爆发时，总统需要立即和古巴的起义军领导加西亚取得联系，但是当时加西亚在大山里，谁也不知道他的准确位置。可是总统相信，罗文一定能够找到加西亚，于是他写了一封信交给罗文，让他尽快找到加西亚，并将这封信转交给加西亚。罗文接到信后，没有多说一句话就立即行动起来，完全是自觉主动、不屈不挠地完成了总统交办的任务。

职场中，类似于小李和小张这样的人有很多，当接到任务时，表面上接受了，但是实际上又会偷懒，甚至推三阻四，拖延工作，糊弄了事；而像罗文、小岳这样的人也不乏其数，他们严格执行任务，不会有任何怨言，无论何时、何地都一样努力，积极主动，按时完成任务。很明显，只有后者才会得到重用。

因此，身在职场的你应该知道，要想得到器重，首先要恪守你作为一名员工的职责，积极主动地完成工作。正如阿尔伯特·哈伯德在《致加西亚的信》中写的："我钦佩的是那些不论老板是否在办公室都会努力工作的人，这种人永远不会被解雇，也永远不会为了要求加薪而罢工。如果只有老板在身边时或别人注意时才有好的表现，才会卖力工作，这样的员工永远无法到达成功的顶峰。"

第九章

懂点同事相处之道

- -

　　和同事们共处一室，抬头不见低头见，同事之间
搞好了关系，才能有一个和谐的工作环境，才能全身
心投入工作中去。

　　有人将同事关系比作刺猬，太近了不行，太远了
也不行。可见，和同事相处也是一门学问。如果你还
在为不知该不该融入团队而苦恼，还在因同事间的言
语摩擦而耿耿于怀，还在为同事之间的不快而心存芥
蒂，还在不知怎样获得同事的认可而左思右想，那就
看看这些心理学小故事吧。

积极加入团队中去

小李是一所名牌大学的毕业生，在学校时就表现突出，身边总是伴随着夸奖与赞美。参加工作以后，他发现身边已经不再有那么多赞美了，但是依然改不了要强的个性。

当时他和另外一名叫小纪的人一起进的公司，两人都是刚刚毕业不久的大学生。小纪进入公司之后，看见身边的同事们都认真努力地工作，衣着干净整洁，并且同一间办公室里没有人抽烟，于是他也渐渐逼着自己改掉了一些不好的习惯，比如衣着随意、不修边幅、爱抽烟等。除此之外，他还主动和同事搭话，帮助同事解决了不少问题，同时因为工作努力，业绩上也取得了不错的成果。而小李一向比较自负，认为自己堂堂一个名校毕业的尖子生，为什么到了这里就非要适应这里的一切，有的人还不如自己呢。

结果在年终评选大会上，经理决定在新人中选取几个表现比较突出的人作为大家的表率，要求现场投票，小纪获得了最高的选票。小李不明白，自己的业绩并不比小纪差，为什么最后获选的人不是自己呢？后来他愤然辞职而去。

小李的疑问想必大家都清楚，不是他的工作表现不好，而是他过于孤立，没有和同事们融为一体，同事们不喜欢他，当然就不会为他投票。因此，和同事搞好关系是职场生存所必需的，这不仅会带来轻松愉悦的工作气氛，还会提高工作效率。假如你发现自己无法融入团体，很可能就是自身出现了一些问题，要知道，环境不是随着你而改变的，而是你必须要去适应这个环境。只有那些能够很快融入集体的人，才会获得更多人的喜欢，才能为自身发展创造更多的机会。

想好你要说什么，开玩笑要适度

生活中很多人都喜欢开玩笑，因为在幽默的语言里，往往显示了一个人的情趣，还可以缓和气氛，拉近彼此的关系。刚刚上班不久的王智就是这么认为的，但似乎并未达到预期的效果。

有一次，同一间办公室的小燕穿了一件新衣服来上班，很多同事见了都说好看，很适合她。大家你一言我一语地夸得小燕合不拢嘴。就在这时，王智说了一句："是挺好看的，不过我好像去年就见到有人穿过，但是她穿着没你穿着好看。"这么一说，小燕的脸立即就沉了下来，一言不发地坐下了。旁边的小丽看出了小燕的变化，于是就低声对她说："这个人就是这么讨厌，上次也是他。"

原来，上次老板来找小丽拿表单，无意中看见小丽写在草稿本上的签名，就开玩笑似的说了一句："没想到你看着文文弱弱的，名字写得倒挺气派。"邻桌的王智接过话茬就说："能不气派吗？她可每天都练呢！"小丽听后心里很不是滋味。

王智本来是想借开玩笑说句讨好的话，却在无意间揭了小燕的短——既然去年就看到有人穿了，说明这件衣服已经过时了。王智不仅没有讨得小燕的开心，还把她得罪了。可见，说话前一定要仔细忖度一下，确定你的本意，并组织好你的语言。开玩笑要适度，要懂得开玩笑的技巧。玩笑的确可以拉近你与同事之间的距离，缓和紧张的人际关系，但是怎样将玩笑开得得体恰当、风趣幽默，这是必须注意的问题。

与同事相处千万不要太情绪化

薛敏是某家大型企业的高级职员，很有潜力，工作上受到了一些好评，能力上也得到了肯定。平时薛敏热情大方，大胆直率，但是也是这点让薛敏有点郁闷。

两个月前，经理提拔了一个在各个方面都不如自己的女同事，薛敏很生气，认为自己工作了这么久，业绩出色是有目共睹的，不提拔也就算了，居然提拔了一个在各方面根本就不如自己的人！

越想越气的薛敏跑进经理的办公室去质问，希望上司能够给个说法。但经理并未说明原因。薛敏很受打击，工作的热情也渐渐减退了。

仔细分析薛敏不受提拔的原因，其实从她的一系列表现中就能看出来，大胆直率的她太沉不住气，性格本来就很急躁，还不懂得克制，常常冲动行事，太过于情绪化。这样很容易给人留下不好的印象，一方面不能和同事完美合作，另一方面还会给公司的利益带来损失。这样的员工，怎么能得到提拔呢？

因此，我们在遭遇情绪问题时，要学会控制，尽量少暴露你的缺点，不要将情绪拿出来随便发泄。否则，这会成为你升迁路上的绊脚石。

恰到好处地给出你的赞美

公司每逢新员工入职都会举行一次聚会，一方面是为缓解紧张的气氛，另一方面是想让大家有更多交流和了解的机会，这样才能更快、更有效地进行合作。

这次也不例外，小何是这批新员工中的一员，而且是个美女，但是已经入职半个月了，公司里除了几个爱开玩笑的年轻男同事找她说过几次话，就再也没有人主动去接近她了，因为她总是给人一种高傲的感觉，谁找她说话，谁就会碰一鼻子灰。

这次在聚会上，一向行事比较低调的沈俊看见小何一个人躲在一边吃蛋糕，就主动上前打了招呼。小何朝他微微一笑，似乎对这突如其来的善意颇为惊讶。沈俊也看出了小何的心思，又上前一步，带着歉意说："不好意思，没打扰到你吧？"小何把脸转向一边，说："没关系，我也没什么事。"沈俊接着就说："据说美女都是高傲的公主，可是没想到你给我的感觉倒挺随和的。"小何转过头来出乎意料地向对面的这个人笑出声来："谢谢！"说着，一脸明媚的小何端起酒杯敬了沈俊："就冲你这句话，你是我在这家公司的第一个朋友。"

故事里的小何或许给人的感觉很高傲冷漠，但是在她的骨子里还是渴望交朋友的，可又放不下架子。要知道，让一个高傲的人承认自己的缺点是多么痛苦的一件事，而沈俊的那句恰到好处的赞美不仅将她的缺点变成了优点，还给足了小何面子。听见这样的赞美，小何的喜悦溢于言表。

喜欢被人赞美是人的天性，大多数人喜欢正面的刺激，而抵触那些负面刺激，人们总是会对赞美过他的人留有好感，善于赞美他人的长处会让对方对你很快信任起来，而赞美最佳的方式就是既赞美他优秀的一面，也赞美他缺失的一面。但必须要注意，不能将赞美的话表达成嘲讽的意味，这样就适得其反了。因此在与同事相处时，要收获良好的人际关系，赞美是一门必学的艺术。

试着向你的同事请教

小谢硕士毕业，不管是在老员工那里，还是在新进的同一批同事里面，都算是比较高的学历了。但是，工作了半个多月后，小谢发现，这里的知识并没有她想象中的那么好学，很多东西她都不会，但是又不好意思问别人，担心会被耻笑。

某日正值午休时间，值班室里只有小谢和老员工姚某两个人。忽然小谢的耳机里传来一阵呼叫铃声，小谢接起电话像往常一样镇静，但不料客户提出的问题让小谢一时之间不知道该怎么回答。一阵沉默之后，小谢慌乱而无奈地看着身边的姚某，向她投去求救的目光。

姚某看着她足足有三秒，然后接过她手里的耳麦，再次询问客户的问题后，姚某不慌不忙、十分流利地为客户解答了疑问。事后，姚某开玩笑说："我还以为这小妮子死都不会向我求救呢！"之后小谢再也没有觉得向同事求教会被看不起了，而且也会时常向同事们请教，这样不仅工作上的难题解决了很多，连同事们对她的态度也渐渐变得友好了。

也许在小谢看来，自己这么高的学历应该什么都会才对，不会的东西太多会让别人看不起自己，因此也就不愿意放下身架去向同事请教，这样会让同事觉得她很清高，产生距离感。

其实在工作中，并不是每一件事都是你可以完全胜任的，当遇到困难的时候，正是你需要帮助的时候，这时千万不要死要面子活受罪。要知道，向你的同事请教并不是什么难为情的事情，反而还会表现出你虚心好学的一面，显示了自己的弱势的同时，还给同事在心理上形成一种优势感，提升其自我价值，这样就拉近了彼此的距离。

做事脚踏实地，他人的功劳勿抢

周景和王月在同一家公司上班，因为是老乡，所以走得也比其他人近一点。工作了一年，大家正筹划着怎么过节，公司却临时搞了一个年终评比，要求每人拿出一份方案，有优胜奖和最佳贡献奖。头脑一向敏捷的周景觉得这是一个表现自己的机会，况且凭借自己这一年来的努力和经验累积，拿出个好的方案并不是难事，很快就拟出了方案。但是这可难为王月了，因为性子比周景慢，平时表现也不是很好，到最后一天还没有下笔。

这天她找到周景，说："周景，我这个方案是做不好了，心里一点底都没有，你帮我看看吧，这样可以吗？"周景接过王月的方案看了看，发现并没有什么创新，但是也没好意思说什么。王月又提出要看周景的方案。虽然周景心里很不情愿，但自己都看过对方的了，不给对方看也说不过去。

等到第二天开会的时候，经理要求自愿发言，第一个举手的就是王月，她首先向经理表明了歉意，说自己的电脑感染了病毒，暂时还不能将方案的书面材料交上去，但是她可以详细讲述一下。

周景在一边听得目瞪口呆，因为她讲述的明明就是自己的方案！后来，周景没有发言，回家后就写了一封辞职信。但是王月后来也离开了公司，因为经理得知她抄袭别人的方案的事，将她辞退了。

职场竞争十分激烈，有时候同事也是对手，但是绝不能因为想表现自己就抢占他人的功劳。只有自己的东西用着才踏实，如果不顾后果地去抢占别人的功劳，最终只会损人又害己。这就告诉我们：在激烈的职场竞争中，我们应该想的和做的是怎样努力提高自己，而不是如何将他人的劳动果实据为己有。

　　所谓职场见人品，一个人的道德品质如何，看他在职场中的为人就可略知一二，抢占他人功劳的人必是有着"不劳而获"思想的人，这样的人是不会有进步的，终有一天会被社会所淘汰；同时，这样的人也不会有良好的人际关系，最终也会被孤立出局。因此，在职场中，要想赢得发展，赢得好人缘，首先就是要有良好的职业道德，做好自己分内的事，做自己能力范围内的事，不要去抢并不属于自己的东西。

主动承担责任

　　春秋时期，秦穆公准备秘密发兵攻打郑国。他本来是打算让秦国大军和安插在郑国的奸细来个里应外合，一举占领郑国。不料，这样的想法却遭到了秦国大臣蹇叔的反对。蹇叔觉得秦国军队远距离奔袭郑国，必定会被郑国察觉。一旦郑国对此有所察觉，那么他们很可能会在秦军的必经之路上伏击，到时候，以逸待劳的郑军进攻长途奔袭、疲惫至极的秦军，那肯定是易如反掌，很可能会把秦军一网打尽。

　　但是秦穆公坚信自己的行动计划是完美的，这次出兵一定可以消灭郑国，所以不顾蹇叔的反对，执意发兵郑国。当秦穆公派孟明视等三位将军率军出征的时候，蹇叔在出征队伍面前痛哭流涕地警告他们三人说："恐怕你们这次不但没有办法成功偷袭郑国，反而会遭遇埋伏，我现在能做的就是准备到崤山给你们收拾骸骨了。"

　　结果一切都在蹇叔的预料之内，郑国得到了秦国将要偷袭的情报，用计逼走了秦国安插在郑国的奸细，并且做好了迎击敌人的准备。

　　秦军得知了这个消息之后，万般无奈之下班师回朝。秦军经过长时间的赶路，已经非常疲惫，在回程中防备异常松懈，尤其是在经过晋国崤山的时候，几乎已经没有任何的防备可言了。因为他们觉得秦穆公对刚刚去世的晋文公有大恩，晋国应该不会趁火打劫。但实际上晋国早就在崤山埋伏了重兵。结果秦军惨败，三名主帅全部被俘。

后来几经波折，孟明视等三位将军终于得以重获自由，率领零零落落的秦军回到了秦国。之后，秦穆公穿着丧服亲自到郊外迎接，并且哭着对归来的将士们说："都怪我当初不听蹇叔的建议，才会让你们遭受耻辱，这次战败都是我的罪过，我要负全部责任。"

秦穆公十分有担当地把责任全部揽到了自己的身上，而没有责怪将士们仗打得不好，这样的大度深深地打动了在场大臣的心，于是将士们对他更加忠心，秦国上下也变得更加团结起来。秦穆公不仅获得了秦国所有军政人员的尊敬，而且还让孟明视等三位将领为了报答他的不杀之恩而更加卖命地为他效力。

在职场上也是一样的道理，做错了事情要勇于承认错误，主动承担起责任，而不是将责任推卸给他人，即使不完全是自己的错，你的主动坦诚也会让别人心存感激，进而对你另眼相看。

当同事之间产生矛盾时，你应先从自身寻找原因或者主动承担责任，相信同事会看到你的诚意，这样再大的事情都可以解决。因此，在与同事相处时，千万不能过于自我。善于承担责任，才能让对方更加信任你。

第十章

和自己好好相处

··

　　学会了如何与他人相处，那么，你知道该怎样和自己相处吗？良好的人际关系是从自己开始的，优秀的工作表现也是从自己开始的。

　　如何在激烈的竞争下保持一份良好的心态？如何在工作的重压下寻找平衡？如何努力做一名业绩突出的员工？如何培养自己的敬业精神？又怎样正确看待工作中的不和谐因素？怎样压住那颗浮躁的心？面临困境该不该坚持信念？如何为快节奏的生活解压？这些都是和自己相处必做的功课。

正确看待你的工作

　　一个名叫齐瓦勃的青年，出生在美国的一个小乡村里，因为家里并不富裕，半途辍学。到了 15 岁时就去山村做了马夫，但是这并没有湮没他的雄心壮心。

　　三年之后，他终于有机会来到一个比较大的建筑工地上班。刚进公司的时候，齐瓦勃就树立起了一个坚定的信念，他要成为最优秀的员工。于是他就边打工边自学，从来不会像别的同事一样抱怨工作辛苦。

　　这天，刚好经理到工地巡视检查，看见大伙都在聊天，而只有齐瓦勃手里捧着书。经理走过去翻开他的书，又看了看他旁边的笔记，什么也没说就离开了。第二天经理就把齐瓦勃叫到了办公室，询问他现在在学些什么。齐瓦勃回答说："我想公司现在并不缺少打工者，缺少的恰恰是有工作经验和专业知识的技术人员，您说对吗？"经理看着他点点头。

　　不久之后，齐瓦勃就被升为技师。面对他人的嘲讽，他说："我不光是为老板打工，还是为自己，我要在有限的时间内为自己的梦想打工！"就这样，齐瓦勃凭借自己的努力一步步升到了总工程师的位置，后来他还做了这家公司的总经理。

　　读了齐瓦勃的故事，也许很多人都开始审视自己：我们是在为谁而工作呢？这确实是一个很值得思考的问题。有这样一个故事：某个建筑工地上有甲、乙、丙三个人正在工作，一个人走过来问："你们在做什么？"甲回答说："我在搬砖块。"乙接着说："我在盖房子。"而丙则两眼放光地说："我正在建造一座宏伟的教堂。"三年后，甲和乙还在建筑工地上做着普通的工人，丙则成了有名的工程师。对待工作不同的态度决定了他们不同的命运。

很多人总是觉得自己是在给别人打工，于是抱着这样的工作信念，盲目地将工作的最终受益者认定为自己的老板。"完成任务就好了，何必要保质保量？工作又不是我的，我是在给老板打工。"有多少年轻人因此而吃了亏，甚至错失了很多原本可以改变命运的珍贵机会？有些人为什么终其一生都是碌碌无为的打工者呢？多数情况下就是因为没有正确看待自己的工作。

因此，不管你现在从事着什么样的职业，在什么样的组织、单位里上班，担任什么样的工作职位，都必须意识到，你的工作是自己的，你是在为自己而工作，或许是为了有一个美好的前程，或许是希望有一个和谐美满的家庭，也或许是为下一段历程打好基础，但是最终，你都应该确信：你的工作是自己的，你打工也是为你自己。只有这样才能燃起工作的热情，充满动力，全心全意地投入其中，实现自己的价值。

戒除贪念，切勿错失良机

从前有一户有钱人家养了一只纯正的爱尔兰名犬。一天傍晚，太太带着这只爱犬散步时，遇见了熟人，便攀谈起来，结果回头已不见自己的爱犬。爱犬丢失了，让这户人家很伤心，于是先生就找到一家报社，在报纸上发表了一篇寻狗启事，并在旁边附了一张爱犬的照片，还注明谁要是送还爱犬，酬金1万元。

这则消息占了报纸的大半个版面，足以见得主人对这只爱犬的重视。启事登出之后，便络绎不绝地有人来送狗，但都不是主人要寻找的那只。后来太太想：好歹也是一只纯正的名犬，或许是人家觉得酬金太少了，不愿送还呢？先生觉得有道理，便将酬金涨到2万元。

这天傍晚，一个乞丐在无意间看到了这则消息，心里一动，便立即跑回自己居住的窑洞，看看这只前两天在公园的躺椅上捡到的小狗，并对照着报纸上的照片一看，果然没错，正是这只。第二天一大早他便兴致勃勃地抱着小狗准备去领酬金。但是经过报摊的时候，乞丐又看到了那则消息，发现酬金已经涨到了3万元。乞丐心想：要是再过几天，说不定酬金会涨到一个更可观的数字呢！最后他抱着小狗返回，继续将它拴在窑洞里。

时间一天一天地过去了，酬金也正如乞丐所愿，已经涨了好几万元。乞丐一心想着要钱，却忽视了那只被他粗鲁地拴在角落里的小狗，在那个阴暗潮湿的环境，没有食物，更没有主人悉心的照料。又过了一天，酬金已经涨到了令全镇居民惊讶的数字，在街边乞讨的乞丐终于决定把小狗送还给主人。于是急匆匆地跑回去牵小狗，但是意想不到的事情发生了，小狗一动不动地躺在那里，乞丐瘫坐在地——小狗的死也将他的发财梦一同带走了。

生活中常常祸福相倚，时机可遇而不可求，一旦出现就要好好把握，一定不要有过分的贪念，否则只会白白错过。故事里的乞丐本来可以获得那笔丰厚的酬金，从此改变生活处境，因为这只小狗给他带来了转运的机会，但是因为贪念太重、不知满足而终与机遇失之交臂。

18世纪法国哲学家狄德罗曾经有这样一段经历：友人送了狄德罗一件高级睡袍，他非常喜欢，几乎天天穿在身上。但是他渐渐开始觉得家里的一切都显得那么简陋粗俗，于是他把家里所有看不顺眼的东西都扔掉换成新的。可是他似乎还是开心不起来。在一次偶然脱下睡袍的时候，他居然觉得空前的轻松。最后狄德罗不得不承认，原来自己一直被一件睡袍左右着。

其实人的欲望就像这件睡袍，永远无法得到满足，似乎对比之下，所有的东西都需要最好的搭配。这就启示我们：不管是在生活中，还是在职场上，保持一颗知足的心，乐在当下，不要被永无止境的贪念所左右，只有这样才能把握住每一个有利于你的时机。在工作中，如果你不能把握好这个度，那么你将失去的就不仅是升迁的好机会，还有你的工作。

把工作当成你一生的事业

小高曾是一名打工者。在那段为仓库管理员打杂的岁月里，小高表现出了极高的工作热情。当时管理员常常让他帮忙缝补帆布，于是小高就学着母亲的模样，认真地做起来。后来管理员还时常打趣说："你还别说，小高做起缝补的活儿来，还真像模像样。"

有一天晚上，忽然刮起了大风，接着暴雨倾盆而下，听见外面哗啦啦的雨声，小高一个骨碌爬起来，不顾同事小李的阻拦，拿起手电筒就冲进了狂风暴雨中。身后的小李直骂小高是个傻瓜，管那么多闲事干什么！

只见小高跑到露天仓库那里，一个挨着一个地查看了一遍储货堆，并且把不牢固的被风掀起的帆布拉紧。这个时候，公司经理也刚好来到了这里，看见在大雨中俨然变成了落汤鸡的小高，对这个平时默默无闻的小伙子顿生好感。

事后仓库的货物完好无损，经理决定给小高加薪，并在大会上提出要给他一个好好表现自己的机会。小高笑笑说："我只是把我该做的事情做好而已。谢谢经理！"之后也并没有把经理的话放在心上，哪知第二天经理就将小高叫到办公室，郑重地对他说："我决定调你到另一个公司去做负责人。"

到任后的小高一直都尊奉着"要把公司当成自己的公司，把公司里的事当成自己的事"的原则，几年之后，小高就升职为公司经理，而当初与他同时进厂的小李却依旧在原来的地方打工。

小高与小李二人一同打工，可以说起点都是一样的，环境也是一样的，小高顺利做了经理，成就了一番事业，而小李却原地不动。原因何在？就是因为两人对待工作的态度截然相反：一个视工作为自己的事业，认真负责；而另一个却觉得自己只是在给别人打工，敷衍了事。

有人说，如果一个人可以把本职工作当成自己的事业来做，那么他就已经成功了一半。人类的弱点总是很容易就显现出来，比如贪图享乐、不思进取、逃避现实、倦怠懒散等，假如不能把工作当成自己的事业来做，那么这些弱点就很容易显现出来，成为你前进的障碍。而只有那些把当前的工作当成自己一生的事业的人，才能在工作中瞄准重心，摆正心态，才能保有源源不断的激情。这样，即使是在工作中遭遇不快与压力，也能很好地调整过来，不至于轻易将自己丢进疲惫的深渊。

英特尔公司前 CEO 安迪·葛洛夫也说："不管你在哪里工作，都不要只把自己当成一名员工，而应该要学会努力去适应，把公司当成自己开的一样。事业生涯除了自己，全天下没有人可以掌控，因为这是你自己的事业。"

学会善待你内心的压力

美国科学家用两只小老鼠做过这样一个实验：他将一只小白鼠和一只小灰鼠一同放在一个仿真的自然环境中，而将小白鼠身体里的压力基因毫无保留地抽了出来。

没有了压力的小白鼠从一开始就显得很兴奋，对眼前的世界充满了好奇，它除了很害怕自己所处的场所被忽然而至的大风刮得东倒西歪等之外，其余的时间都处于极度兴奋之中。结果，小白鼠仅仅使用了一天时间，就大摇大摆地把仿真自然环境的空间观察完了。而小灰鼠由于身体内压力的作用，在走路和觅食时总是显得小心翼翼，处处谨小慎微，它将整个仿真自然环境看完整整花了4天的时间。

后来，那只小白鼠爬上一座13米高的假山，在试图通过一个小石块时从高空跌落下来摔死了；小灰鼠最高只爬上了一个2米高的吊篮，并在那个仿真的自然空间里连续生活了十多天，看样子它已经习惯了这个没有任何侵袭与噪声干扰的环境了。科学家说，它似乎已经开始准备为自己储存过冬的粮食了，正是因为这些压力才使得它在实验结束后还可以活蹦乱跳地走出来。

生活就是一串又一串的考验，一道又一道的坎，职场中也难以避免越来越激烈的竞争，压力也就随之而来。据说，在非洲大沙漠上生存的动物，每天睁开眼想到的第一件事就是必须要跑得比狮子还要快，否则就会被狮子吃掉；而狮子也会想：我必须要比跑得最快的动物还要快，要不然我就会被饿死。生存本身就充满着无穷的压力，它使羊成为奔跑健将，使狮子勇猛无比，成为有名的捕猎高手。工作中又何尝不是这个道理呢？面临竞争，如果你一点压力都没有，又何来进步呢？没有进步又怎么会获得成功呢？

所以，不要害怕压力，你要在这个纷繁复杂、充满竞争的环境中生存，压力就不可避免，既然不可避免，那就把它化作前进的动力吧！你应该相信，有压力是幸运的，否则终有一天你也会像那只小白鼠一样"丧生"。

修炼另一颗心——感谢曾经丢你"粪便"的人

小艾是一家金融公司的基金调研员，也不知道为什么，部门主管总是看她不顺眼。主管平时会故意给她安排一些比较难做的任务，而且只要是主管请客，总是会将她遗落在一旁，有时候大伙集体出去旅游散心，也总是没有小艾的份儿。

对这样的"遗忘"，小艾心里很不平，想来想去都不知道自己哪里得罪了他。后来她向朋友诉苦，说真的干不下去了。朋友经历过类似的情况，于是劝告她："当他们去聚餐时，你就叫上自己的好友去自己想去的餐厅；当他们去旅游散心时，你便可以约上两三人去自己想去的地方享受；当他在工作上给你难处时，你不仅要欣然接受，还要做得更好，这样你就可以学到更多别人学不到的东西，这样想来，其实他还帮了你呢！"聪明的小艾照着做了，一段时间以后，就算主管给她再艰巨的任务，她也可以应对自如，不仅不生气了，还做得更加带劲。小艾说："这是锻炼和学习的机会。"

后来小艾凭借她曾经学到的营销知识和经验在一家公司的企划部做了经理，不但频频创佳绩，还拥有了一群忠诚的客户，编织了一张极其宽广的人脉网，事业蒸蒸日上。

一只在寒冬里飞行的小鸟，跌落在一块稻田里，眼看寒冷将要把它的生命夺走了，这时候走过来一头母牛，拉了一摊粪便在小鸟的身上。奄奄一息的小鸟立即觉得气味难闻至极，心想自己本来就够倒霉了，现在又淋了一摊粪便。但是小鸟忽然感觉周身一股暖流，暖和无比，于是它也不管气味了，又用力将自己的脑袋深深地缩进了粪便里，就是这一摊粪便，帮助小鸟度过了暂时的寒冷。

很多事情不就是如此吗？当鸟儿遭遇一摊粪便时，便以为这就是霉运，殊不知，正是这摊粪便救了它的性命，帮助它度过了严寒。当某件事情发生时，大家似乎总会以眼前的得失来权衡好坏、判断祸福，总是过于在意头顶上的乌云，而忽视了天边不远处的彩虹。小艾的主管就像那头牛，本来是想逼走她，让她待不下去，但是没想到正是这摊"粪便"给了她努力提高自己的力量，最终成了小艾前进的动力。所以，当你在职场上也遭遇类似的"粪便"的时候，不妨像小艾一样，化怨恨为动力，这样才能练就一颗积极向上的心。

为自己做一顿最好的人生大餐

一个女孩总是不快乐，总是抱怨生活太艰难，工作太累，身心俱疲的她已经不知道该如何继续下去了。这天她来到了父亲的房间，希望在父亲那里找到答案。

女孩的父亲是一位厨师，看见女儿如此消极，就把女儿带进自己的厨房。面前有三口锅，他分别在三口锅里放了些水，并用旺火将它们烧开。然后在第一口锅里放入胡萝卜，在第二口锅里放鸡蛋，在最后一口锅里放一些已经被磨成粉末的咖啡豆，再盖上锅盖继续煮。大约20分钟过去了，父亲将火关了之后，把胡萝卜和鸡蛋分别盛在两个碗里，又将咖啡舀进杯子里。

待这一切都做完之后，他转身问一直不语的女儿："看见什么了，亲爱的？""胡萝卜、鸡蛋和咖啡。"女儿答道。父亲并没有说话，而是让她用手摸摸胡萝卜，再把煮熟的鸡蛋剥开，最后要求她把煮好的咖啡也喝了。女儿按照父亲的吩咐，一一做了。胡萝卜变软了，鸡蛋变硬了，咖啡浓郁醇香。然后她难得地笑笑，问："爸爸，这意味着什么呢？"

父亲微笑着告诉她说："胡萝卜本来是坚硬的，但是经过开水煮熟之后变得柔软了；鸡蛋本来是液体并且易碎，而经过开水煮熟之后变成了固体，反而坚硬了；原本粉状的咖啡被倒入沸水之后也变成了液体。我的女儿，你觉得自己是它们中间的什么呢？"父亲的话意味深长，"当面临外界的侵袭，困难或许无法预期，你希望自己是胡萝卜、鸡蛋，还是咖啡呢？"

女儿看着父亲的眼睛，似乎已经读懂了什么。

胡萝卜被逆境软化了，鸡蛋经过逆境反而变得更加坚硬了，而咖啡则在逆境中散发出自己独特的醇香，并且开水越是猛烈，它就越是香气四溢。这一顿大餐是父亲专门为女儿做的，他教会女儿在面临外界的侵袭时应该像鸡蛋，变得更加坚强，只有这样才能使自己不会轻易被外界击碎，而更要学习的还是咖啡豆，因为它们不仅适应了逆境，还充分发挥了自己的潜能和优点。

生活中、职场上，人们所要面对的东西实在是太多了，谁会一直顺利下去，没有任何困难呢？而当遭遇不幸或痛苦的时候，你是看似坚强的胡萝卜，在困境面前选择软弱、畏缩，还是像鸡蛋，原本性情脆弱，但是经历了困境的磨炼而变得坚强、勇敢？或者是咖啡豆，困境反而成了促使你奋发的力量，逼迫着你绽放出最美丽的自我？

你选择成为什么，那你就可以成为什么。好好思考你想成为什么，是胡萝卜、鸡蛋，还是咖啡？不同的选择，就有不同的心态，也就会有不一样的人生。

轻松的艺术

相传在非洲的某一个土著部落里有一位老人，每天都会在一棵树下，一边乘凉，一边编织草帽。当时有大批来自美国的游客来这个土著部落观光，老人编织的草帽样式新颖独特，颜色的搭配也十分惹眼，因此吸引了很多游客，大家纷纷购买。

其中，有一个精明的商人，看到了这样的场景不禁暗暗盘算：如果把这些别致的草帽带到美国市场上去卖，肯定会很畅销，到时候绝对大赚一笔。这样想着，似乎自己真的发财了一样，于是他乐呵呵地对老人说："老人家，您这些草帽要多少钱一顶呢？"老人抬头看看他，说："10元。"然后又低下头继续编织草帽，看上去那样悠闲自得，也那么认真，仿佛这并不是一项工作，而是一种很特殊的享受。

商人听后欣喜若狂，心想："要是我带10万顶回去在国内销售，那我一定可以发财。"商人问老人："要是我在这里做10万顶，您会给我优惠多少？"商人等待着老人惊喜万分的样子，却不料老人并没有一丝一毫的开心，反而皱着眉说："那这样的话，就要20元一顶了。""为什么？"商人问道，他从来没有遇见过这样的情况。老人解释说："在这里编织草帽是我最大的乐趣，没有任何负担，我可以随意编织出自己喜欢的样子。但是你如果要我一下子编出那么多一模一样的帽子来，那要承受多大的负担啊！难道你不应该多付点钱吗？"

正如老人所言，当你所从事的工作变成了一种负担，那就不再有从前轻松愉悦的心情，为了更大的利益而奔波劳累，甚至承受不该有的负担，反而令人感到单调和乏味。那么，你是在工作还是在享受生活？你是边工作边享受生活，还是只是工作而忘记了享受生活呢？这些都取决于你是不是真正热爱这份工作，并把它当作一种美好情感的释放，而不是为了某种利益而拼命消耗自己。

如果工作不再是一种享受，而你又要为了生存而不得不走向一种循环往复的单调极端，这样的工作不会长久，也不会将你的才能充分发挥出来。因此，只有真正热爱着工作的人，才能真正成功，生活才能幸福。

压住那颗浮躁的心

一名大学生毕业后到一家海上油田钻井队工作。工作的第一天，大学生带着欣喜，满怀期待，他希望自己可以做得很好，将自己在学校所学到的知识充分施展出来。但是出乎意料的是，他接到的第一个任务，竟是让他在限定的时间内登上一台几十米高的钻井架，并将一个包装完好的盒子送至最顶层，主管就在那里等着他。

这名大学生对这样的安排颇为不屑，第一次，他快步登上了钻井架，累得气喘吁吁，然而还是带着点小小的成就感。当他把盒子交给主管的时候，主管只在那上面签了字，什么也没说就让他下去了，大学生显然有点受挫。然后他又爬了第二次，这次和上次一样，主管依旧是在上面签了字就示意他下去。到了第三次，大学生满头大汗，浑身已经湿透了，好不容易爬上去，当他将盒子递过去的时候，主管让他将盒子撕开。于是大学生撕开了盒子的外壳，里面是一罐咖啡和一罐咖啡伴侣。然后主管又说："去冲一杯咖啡过来。"大学生一听，一把就将盒子扔在了地上，"我不干了！"

主管见状站起身来，说："刚才让你做的是我们这里的一项训练，叫承受极限训练。一个在海上作业的员工，随时都会遇到紧急情况，这需要员工有一定的承受压力的能力，这样才能在面临各种危险时从容不迫，完成任务。年轻人，你前面的表现是很好的，本可以喝到自己冲调的咖啡，但只可惜就差了那么一点点。记住，做事千万不能太急躁了。好了，你走吧。"

大学生听后很懊悔，只怪自己太急于表现，反而忽视了最基本的东西。虽然离开了，但是他记住了临走时主管对他说的话，"做事千万不能太急躁了"。在接下来的面试和工作中，他努力克服缺点，并逐渐养成了脚踏实地的工作习惯，后来成了油田钻井队的队长。

作家想要写好文章，识字断句是基础；建筑师要想盖好一栋大楼，扎牢根基是保证。"不积跬步，无以至千里"正是这个道理。故事中的大学生就是因为急于表现自己而变得浮躁，无法坚持到最后，与工作失之交臂。因此只有沉下心来，戒除浮躁，才能一步一个脚印地走向理想的目标。

一个人每天比一般人付出多一点，积累多一点，久而久之，他便拥有了成功的资本。也许你只看见那些成功之人光鲜亮丽的一面，却不知他们背后付出了多少汗水。

职场中，脚踏实地会让一个人时刻保持一颗好学的心，放弃那些"一步登天"的想法，踏踏实实做好每一件事，认认真真度过每一分钟，不忽视小节，不马虎了事，一点一点积累进步的资本。踏实工作是职场生存与发展的基础法则，所有的事情只有老老实实地努力做，才能有所成就。如果总是抱着一种急功近利、投机取巧、碰运气的心态，就没有办法全力以赴，那还谈什么工作质量、工作业绩呢？

所以，当上司交给你一些琐碎、简单的工作，或者是给你安排了一个表面上看没有分量的工作岗位时，不要不耐烦，这些很可能是对你的考验，你就把它当作实现伟大目标之前的锻炼吧！要知道，一点一滴的小事可以帮助你提高能力，并为今后的职业生涯积累起雄厚的实力。

信念的力量——学习盲人的生存秘方

有两个盲人靠说书、弹三弦维持生活，一个是师父，一个是徒弟。

年迈的师父已经70多岁了，这一生已经弹断了999根弦。师父的师父在过世之前告诉他说："我有一个复明的药方，藏在你的琴槽里，当你有一天弹断了1000根弦的时候就打开它取出药方。记住，一定是在你弹断了1000根弦的时候，并且每一根断弦一定是你尽心尽力去弹的；否则，药是没有效果的。我就是因为记错了数字，在弹断第800根的时候就打开了琴槽，结果再也没有了复明的机会。"

那时候师父还是20岁的年轻人，如今已经过去了半个世纪，他梦想着复明的一天，那张被藏在琴槽里的"药方"俨然已经成了他人生的一种信念，一种奋起的力量，于是在这50多年的时间里，他一直努力地弹着三弦，所弹断的弦每一根也都是用心弹的，并非故意而为，因此他的琴技在同行里面数一数二，几乎无人能与之相较。想着想着，忽然"啪"的一声，第1000根弦断了，师父心里一阵大喜：终于可以取出药方了！于是他不顾一切地拿着药方朝着山下城镇里的药铺奔去。

"对不起，我无法为您抓药，这只是一张白纸。"师父的心一下子坠入了谷底，脑袋嗡嗡直响。在回去的路上，师父细细回想："我说书弹弦，技艺精湛，别人对我爱戴有加，我也因此学会了爱人，在求生的过程中我其实早已经忘记了自己是个盲人，过去的岁月里，我不得不承认我是快乐的。正是这张药方给了我努力的动力和生存的勇气，我不是早就得到药方了吗？"

回来后，师父找到自己的小徒弟，并意味深长地对他说："我有一张复明的药方，藏在你的琴槽里，等到你弹断第1200根弦的时候，才能打开取出。记住，一定要是第1200根弦，并且是你用心弹的。师父就是因为记错了数字才失去了复明的机会。"小徒弟虔诚地答应着，其实他不知道师父的眼里已经噙满了泪水，师父知道，也许徒弟一辈子都弹不断1200根弦。

师父的师父用一张"药方"使他获得了活下去并努力奋斗的力量，即使最终无法复明，但是生命已经在那些朝着目标奋进的日子里获得了它应有的价值。幡然醒悟之后，师父又用同样的方式来激励自己的小徒弟。一张空白的"药方"激励了那么多的人，这种生生不息的力量只源于一张白纸，它早已远远超出了自身的价值，因为那是一种活着的信念，一种由信念而生的力量。一个目标在前方一直吸引着他们向前进，永不停息。

所以，信念的力量是伟大而无穷的。这种力量的伟大之处，就在于它能够在人最困难的时候给人以鼓励。它是一个人精神上的强大支柱，是前进的无尽动力，它使人无比强大，所向披靡。不论在何时何地，只要还有一份信念，即使面对再大的困难，也不会轻易放弃。职场中，很多人都会有不顺，甚至遭遇失败，但是那又算什么呢？学习这些盲人的生活态度，一切都会豁然开朗。

自嘲的智慧

古时候有个文人名叫梁灏，年少时就立下誓言：不考上状元誓不为人。但是后来他时运不济，屡试不中，也因此而受到他人的讥笑。梁灏面对这样的境遇，并没有消极气馁，而是自我解嘲似的说自己考一次就距离状元近了一步。就在这种自嘲的心态下，他从后晋天福三年开始应试，历经后汉、后周，一直到宋太宗雍熙二年才考中状元，还为自己写过一首自嘲小诗。

还有一个自嘲的小故事。美国总统亚伯拉罕·林肯也是一个善于自嘲的人。他的一生中磨难不断，然而原本沉闷、不苟言笑的他，学会了用一颗微笑着自嘲的心来消解所有的磨难。

有一次，林肯与道格拉斯进行辩论，道格拉斯指控林肯说一套做一套，完全是个两面派。林肯回应说："道格拉斯先生指控我有两张脸，真的是冤枉我了，大家说说看，如果我有另一张脸的话，我会带着这张丑脸来见大家吗？"林肯的话逗得大家哄堂大笑，道格拉斯自己也跟着笑了。

"自嘲"使梁灏度过了漫长的坎坷人生路，最终达成目标。在这种"自嘲"的心态下，他活到了古代人难以逾越的九旬高龄。美国总统林肯也是用这种自嘲的方式让自己获得了一种难得的积极心态。

自嘲是一剂平衡心理的良药。人的一生难免会面临一些窘境，这时候就需要及时调整自己的心态，缓解不良情绪，不为名利所累，不为世俗所忧，心态豁达了才能笑对人生。

自嘲也是一种幽默的最高境界，适度的自嘲能拉近人与人之间的关系，并提高人格魅力，身处尴尬的窘境时，幽默式的自嘲会帮助你化解人际危机，为自己营造一种主观幸福感，创造一种积极的乐观人格。

04

第四编

守护感情的心理学

第十一章

知己知彼，方懂爱情

也许你身边有这样一些情侣，他们看起来似乎并不是很般配，性格上也有天壤之别，但他们感情深厚；还有一些人，他们对自己心仪的对象展开狂热的追求，坚持不懈，但是对方最终还是不能接受。很快你就发现，他们中间很多人最终选择的对象居然是那个成天"无吵不欢"的欢喜冤家……

就像有句歌词唱的：爱我的人为我付出一切，我却为我爱的人流泪狂乱心碎，爱与被爱同样受罪，为什么不懂拒绝痴情的包围。为什么会出现这种现象？心理学家是如何解释的呢？这里面又有什么不为人知的秘密呢？下面让我们在一个个情感故事中找到答案。

他爱上的只是母亲的影子

青年才俊小冯，拥有一份令人艳羡的年薪几十万的工作，身边不乏美女相随。但是年纪轻轻的他在爱情的海洋里吃尽了苦头，他声称，此生绝对不会再轻易爱上谁。如此感言，其实是因为他有过三段令人瞠目结舌的恋情。

第一次，他爱上的是一个罹患抑郁症、刚刚出院的女子，但是两人的恋情维持了还不到几个星期就痛苦地结束了；第二次，他爱上的是一个患有"暴食症"的女孩，平日里情绪波动很大，一旦感觉到孤独寂寞，就会在数分钟之内吃掉大量的食物，但是胃的容量毕竟有限，之后便会遭受强烈饱腹感的折磨，心理上也会产生强大的罪恶感，痛恨无法控制自己的情绪，他和她的恋情开始得异常轰轰烈烈，但是维持了不到三个月，也痛苦地分手了；第三次，他爱上的是一个有夫之妇，她因为自己的丈夫有外遇，为情所困，异常凄楚可怜，于是他毅然担负起保护她的角色，奋不顾身，一个是曾经恋情失败的寂寞的游子，一个是楚楚可怜的断肠人，两个人的爱情开始时也是干柴烈火般凶猛激烈，待到两个人都清醒过来时，才发现这段恋情其实也在痛苦地折磨着彼此，不得不以分手而告终。

在这三段恋情中，他虽然也品尝到了爱情的甜蜜，但也饱尝它的苦涩，于是决定再也不要轻易地爱上一个人。

人们在为这位青年才俊惋惜的同时，也不禁会想，究竟是为什么呢？对身边"正常"的女性毫无兴趣，偏偏喜欢上这三位不同类型的女子？实际上，只要了解他身世的人都不会对他这样的行为表现出惊讶。

原来，他是家里的独生子，父亲有过外遇，那年他才12岁，原本幸福的家庭顷刻间瓦解。父亲开始挑剔母亲的不是，放大过失，责备她的缺点令人无法忍受，并且告诉母亲自己从来都没有爱过她，希望彼此放手，给对方自由。母亲无法接受事实，最后罹患抑郁症以及"暴食症"，不断地折磨、摧残自己，最终患上重病住进医院。在母亲住院期间，他又努力强颜欢笑来取悦母亲，但是最终没有成功，母亲还是离开了他。

父亲抛弃母亲的行为在他幼小的心灵上烙下了深深的印记，在此后的人生道路上，一旦遇见与自己的母亲有着相同境遇的女子，就会激起他强烈的保护欲，期待通过自己的努力来消解女子内心的痛苦，同时弥补自己在母亲那里未曾得到的成就感。

从这个故事中，我们其实不难看出，他爱上的那三位女子其实都带有他母亲的影子。那种带有忧伤、痛苦的人格特质在不知不觉中吸引着他，潜意识里，他试图回到曾经类似的心理状态中去，完成无法用自己的爱和力量使母亲痊愈的遗憾，并给予她们自己在成长的过程中无法得到的爱与呵护。但是反反复复，他渐渐发现自己的爱和付出并不能使她们真的快乐起来，最终决定放弃，心理学上把这种现象称为"强迫性重复症"。

这就是为什么很多条件比较优越的男士总是对一些温柔体贴、善解人意的女子不感兴趣，反而痴痴地迷恋上那些冷艳、挑剔的女子，这很可能是因为他们有一位要求极高、掌控欲望极强的母亲，小的时候无法通过自己的努力获得她们的认可，讨得她们的欢心，因此，在潜意识里希望再有一次这样的机会来使这些孤傲的女性服软，获得她们的认可，使那颗曾经受伤的心得到安抚与满足。同样的道理在女性身上也是如此，即使在遭受万般"冷漠""排斥""忽视"，甚至"凌辱"的情况下，还是会无怨无悔地依恋着她深爱的男子。

她爱上的是曾经的情感缺失

她在一家不大的单位上班，当她的研究报告第一次被主管狠批的时候，她伤心地落下了泪水：我已经努力了，为什么你们都不看过程，只要一个完美的结果呢？悲愤至极的她，下班后躲在走廊的一个小角落里哭泣，恰好被一名老员工发现了。这个年近半百、有着慈父形象的男人慢慢弯下腰，耐心地劝导她，并说只要努力就会有进步，时间久了，一定会得到别人的认可，还说自己看过她的简历，觉得她很优秀。她默默地看着他深邃的眼眸，那一刻，悲伤的心被抚慰了。

从那天以后，她便开始努力工作，为的就是获得他的好感，因为她在那天下午已经无可救药地爱上了他。在接下来的日子里，她果然表现出色，再加上她长得清秀可人，温婉精致，很快就成了他的地下情人。

纸总是包不住火的，流言不胫而走，在公司传得沸沸扬扬，不久就传到了这名老员工的妻子的耳朵里。她知道后十分痛苦，于是决定离开这个伤心之地。

故事中的女孩出生在一个贫困的家庭，家里子女多，她常常是最容易被忽视的那一个。10岁那年她与父亲一起到集市上采购，同去的还有两个弟弟、一个姐姐，在经过人潮时与家人走散，而父亲竟然毫无察觉。虽然后来她凭着自己的记忆找到了家，但是她在家人的眼里并没有发现任何诧异或者惊喜。从此，她便常常想，如果那天父亲像紧紧牵着弟弟一样牵着自己，她就不会走丢，就不会发现自己是如此不被重视。那时的她因为渴望得到父爱而无法如愿，日后便在与父亲类似的人身上寻求情感安慰，将从前没有得到的关爱转移到别人的身上，以求完成童年时期未完成的愿望。

心理学上将这种心理现象称作"移情作用"，即将对过去生命中某些重要的人的情感转移到现有人的身上，或者是想将曾经想要在一些重要的人的身上得到却未能如愿以偿的感情渴求，寄托在当前关系状态下以求得满足。

爱的延续——绿豆冰激凌的爱

这已经是清宁第 200 次向红求婚了，但是无论怎样，红就是不同意，她总说清宁还是个孩子，而她已经 30 多岁了，经不起这么折腾。但是清宁那么认真，他说他永远不会忘记那年夏天那个冰激凌的记忆，在这个世界上，会这样哄他的，除了妈妈就只有红了。他说他有一颗希望像红曾经照顾自己那样去照顾她一生的心，但是现在只差一个她应允的机会。时光倒回到 10 年前，那是一个很美好的夏天。

人人都认为清宁是一个比较幸福的孩子，至少在他 9 岁之前是这样的。然而幸福似乎从来不会太长，9 岁那年，父母因为一场车祸双双离他而去。从那时开始，清宁变得不再爱说话，和姥姥住在一起的日子，他常常会莫名其妙地从一群孩子堆里走开。大家都说孩子还小应该没事，缓缓就过去了，但是这一缓就是一年。

一年之后的夏季，某天，姥姥带着清宁来到邻居家，说是邻居家的孙女考上了大学，而且还是北京的一所好大学。来祝贺的人很多，小小的清宁依偎在姥姥的怀里也不说话，扑闪着一双大眼睛看着那个被大家团团围住的女孩。

　　有一天，清宁和几个小朋友玩游戏，被小伙伴推了一把，然后就哭了起来。一直到小伙伴们都散去了，他还是哭个不停，突然之间他感觉自己的左肩被轻轻地抓住了，然后就有人俯在耳边对他说："小清宁乖，不哭噢。"他抬头一看，原来是那个姐姐，可是他脸上的泪水依然止不住。"姐姐给你买糖好不？"见清宁不说话，她又接着问："给你买冰激凌怎么样？"然后清宁抬起那张满是泪水的脸，笑着说："好，我要绿豆的。"

　　之后的几天，清宁都会吃到那种绿豆冰激凌，并且知道了那个姐姐叫红。一天，红递给清宁一个绿豆冰激凌后说："走，咱们看电影去吧，我有票。"然后两人就兴高采烈地走向电影院。有一次，清宁挽着红的胳膊说："姐姐，等我长大了就娶你！"红用指尖轻轻点了一下清宁可爱的脸蛋："这么小就胡思乱想，我可是你姐姐，比你大整整10岁呢。不许乱想，知道不？"清宁眯着眼睛笑，自从父母双亡之后，这是多么难得的灿烂笑靥。从那个时候起清宁就暗暗告诉自己，长大后要照顾红一辈子。但是从第二天开始他就再也没见过红，听姥姥说她去北京上大学了。

　　几年之后，他们再次重逢了，在一个街道的拐角处，清宁正和几个同学走在回家的路上，他看到红穿着一袭白色连衣裙缓缓走来。她朝他笑，说："我们家小清宁越长越帅气了，都这么大的个儿了！"那年清宁14岁，红24岁，那时她的身边还有一个英俊高大的男子。

　　时间又过去了6年，清宁在这期间一直听说红不断地交男朋友，然后失恋，每次失恋，红都会回家来，看见清宁又会高兴地笑，因为清宁每次都会说："要是我，就永远不会让你失恋。"

　　两年之后，清宁22岁，当他再次向红求婚的时候，红已经32岁了，她最终决定要为自己的幸福赌一次，因为她知道，绿豆冰激凌的爱，延续的不仅仅是清宁父母的爱，还有她曾给予他的爱。

一个从小拥有父母关爱的孩子，突然之间什么都没有了，那份可以安抚他的关爱也随之一去不复返，当有一天，再次遇见这样类似的爱时，小小的清宁爱上了这种关爱，并且渴求一辈子拥有。以前当他哭闹、焦虑的时候，父母会给他安抚，母亲会用他爱吃的绿豆冰激凌来逗他，他已经开始懂得如何构建一种情绪疏导组合，绿豆冰激凌就是母亲的爱的标志。然而当它们一起消失之后，他又重新遇见了这样一个能够给予他类似的爱的情感组合标志，让他久久不能平复的、焦虑的心渐渐平息下来，这就是一种极有效的精神安慰。已经失去过一次，而一旦再次得到就再也不愿让它离开，这也许就是清宁如此执着的原因。

　　爱一个人，有的时候真的不单单是爱这个人本身，而是这个人身上有你一直寻觅而不可得的特质，这种特质可以抚慰你曾经的伤痛，满足你最初心理依恋的依赖感。因此爱情也是某一种爱的传递。

外表的"偏见"

　　张嫣然和李兵是在大学毕业典礼上认识的，人家都说"毕业了说分手"，但是他俩竟是在毕业结束的那一刻选择了在一起。从李兵开始追求张嫣然的那天起，到正式确定恋爱关系，再到如今两人准备结婚，已经4年。朋友们都不明白，在那个大家纷纷选择分手的季节，一见钟情并牵手的他们竟然走到了最后。

　　婚礼上，面对众多亲朋好友的祝福，激动万分的李兵解开了大家长久以来的疑惑。李兵说，论美貌，其实还有很多比张嫣然更漂亮的，之所以会对她情有独钟，是因为她的外貌像极了一个人。这个人就是他曾经暗恋了5年的女孩，从高一开始到大二，他始终单身，希望有一天上天会给他一个表白的机会，舍友都笑他傻，他不理。

毕业典礼那天，李兵一进门就被那个坐在角落里的小姑娘吸引住了，他心头一喜，真的以为是自己那位连做梦都想告白的暗恋对象。那神态、那眉宇间的忧伤真的像极了她，高中的时候，她也是常常独自坐在教室的一角，眉头紧锁着看书。这个时候，他的眼前似乎再次浮现了这幅画面，令他怦然心动。

但是李兵清醒之后不免觉得好笑，主动搭讪之后，他向那个女孩要了联系方式，并互相做了自我介绍，他才知道，这个女孩有个很好听的名字，张嫣然。典礼结束之后，大家各奔东西，忧伤难言，也就是这个时候，李兵开始追求张嫣然，他认为这就是上天给他的暗示，他再也不愿失去这次机会了。于是他留在了张嫣然所在的城市，并与张嫣然保持着紧密的联系，每当她需要什么帮助，他总是会第一时间赶到她的面前，时间久了，他发现，原来这个人早就住进了他的心里，曾经暗恋的那个人或许只是给了他一个指引，然后他就找到了自己的真爱。

有人做过一些相关的实验，在一个学期里面，实验者让某些女大学生在某些课堂上按照某种频率出现，并且出现时并不与他人交谈，只是静静地坐在那里。到学期末的时候，这些女生的照片被拿给上过相关课的学生们传阅，结果显示，学生更加喜欢并觉得有亲和感的是那些出现频率最高的女生，也就是说，面熟的人更加具有吸引力。

但是就李兵的情况来看，又是其中一种特殊的情形，由于自己曾经暗恋的女孩的模样，随着时间的推移，已经在他的心里烙下了印痕，也可以说是先入为主，他觉得只有这样的外貌才会带给他一种爱的感觉，重新品味那种令人怦然心动的青涩之恋的美好。于是，当在茫茫人海"再次遇见"这张脸时，他便神迷情痴，并对带有这张类似面孔的人予以格外的关注，然后在接下来的不断接触中发现了对方身上更多的优点，爱便油然而生。

有人说，这个世界上根本就没有一见钟情，真正的爱情其实是日久生情。这种说法也不无道理，之所以会一见钟情，多数人是因为眼前的人与自己想象中的另一半惊人的相似，觉得哪里都符合标准，试想，若不是早在心中有了一个"标准"，又怎么知道眼前之人就是心中期待之人呢？但是随着现代爱情观的逐渐改变，外貌对很多人来说已经不再那么重要，人们更多崇尚的是一种感觉，一种在相处过程中摩擦出的爱的感觉，然而在爱情开始的地方还是需要一些亲和感，一些熟悉的味道的。

相似性吸引力

有一家不大的相亲所，它有一个很吸引人的名字——心灵驿站。大多数人第一次都搞不清楚状况，但是，来过一次的单身人士，都认为在这里确实可以为自己的心灵找到休息的场所。来到这里的男女，需要在注册本上填写相关的信息，倒不是姓名、联系方式之类的，而是比如性格内向还是外向、业余时间喜欢做的事情、喜欢听的音乐、爱好读书者喜欢读的书的类型等信息。

另外，前来登记的人都要选择一道测试题来做，其中有这样一道题："一天，你在悬崖边遇见三个需要救援的人，一个是你连做梦都想要报答的恩人，一个是曾经伤害你的人，还有一个是你要好的朋友，你只能救两个人，必须要舍弃一个，那么，你会救谁，又会舍弃谁？"

这家相亲所，并不是真正帮助别人相亲的，而是抓准了人们在心灵上追求契合的特质，把一些兴趣爱好相同或相似的人的资料推荐出来，很多单身人士就被与自己有着惊人相似点的异性所吸引，于是慢慢联系，并进一步加强了解，尤其是最后一道测试题做出相同选择的对象，最后走到一起的可能性是最大的。

杰克·麦斯和杨慧就是在这里结识并最终步入婚姻的殿堂的。起初，杰克·麦斯只是个旅行者，看见这个标有"心灵驿站"的小屋颇感兴趣，走进去之后，便被屋内设计以及那别出心裁的理念所吸引，并且自己也一直追求着这种心灵上的共鸣。于是单身的他就决定在这里留下自己的信息，他也像其他人一样，没有留下姓名。他选做的测试题就是上文所提到的题目，并认真地写下了他的回答：我会救有恩于我和那个曾经伤害过我的人，舍弃我的朋友。不久后这里的工作人员联系到他，并为他推荐了一位和他的回答一模一样的女士，这位女士便是他现在的妻子杨慧。

堪萨斯州立大学曾做过这样一项研究：研究人员要求 13 名男子挤在一个模拟的空间内，并共处 10 天，在这 10 天内有专门的实验人员不断地考评每个人对彼此的看法。结果发现，越是相似点多的人，相处得越是融洽，而那些几乎没有相似点的人们看彼此什么都不顺眼。

在密歇根大学也有一项研究，自愿参与研究的人假如可以和不认识的人交朋友，便可以免费住宿。结果显示，到学期末，在这些参与者中最为要好的朋友就是与他们最为相像的室友。

在普度大学，研究人员则故意将一些社会或政治观点不同的男男女女安排在一起相处，后来不欢而散的是那些观点截然不同的人们，而观点相近或相同的则相谈甚欢。

这些实验都表明了一个道理，那就是相似性所起到的吸引力是巨大的，两人最初走到一起，绝大多数是因为对方身上有与自己相近的某种特质。那些有着相似的背景、生活习性、个性、处世态度的人们更有可能走在一起，相似处越多，就越喜欢彼此，并且相似性也有利于减少相处过程中出现的摩擦。尤其是当对待同一件事情，双方的意见完全一致时，相互欣赏与喜欢的程度会越深。

一个关于情感依恋关系的实验

有这样一组实验。先把母亲与婴儿引入一间有玩具的房间，然后观察在母亲离开之后再回来这段时间里婴儿的反应。

第一对母子，当母亲放下他想要离开时，这个婴儿表现出不快，并做出挽留状。但是在母亲离开之后，他会玩自己的玩具，当母亲回来时他张开双臂，期望得到母亲的拥抱，这时候把他放下来，他会继续玩玩具。专家称这样的婴儿长大后在恋爱的关系中会表现出极好的一面，理解并包容对方的不足，懂得尊重，易相处，并能随时满足恋人需要的自我空间。

第二对母子，母亲离开时婴儿并没有什么反应，稍稍有焦虑情绪却不会轻易表现出来，这其实与母子俩平时的相处方式有很大的关系，他已经学会了不在母亲那里获得长期陪伴。专家称这类婴儿长大后在恋爱中多会表现冷漠，明明内心很需要，但是不知道该怎样表达出来，多数会通过网络或其他的途径寻得知己。

第三对母子，当母亲离开时，婴儿哭闹不止，待母亲返回时会击打母亲，很久之后才会获得平静，然后在母亲的陪伴下玩耍并会不时地看母亲，生怕她再次离去。专家认为这类婴儿没有安全感，且极易焦虑，以后在恋爱中也很难给对方所需的个人空间，并且难以维持单身，往往会自食苦果。

第四对母子，当母亲离开时，婴儿表现出慌乱无措，待母亲回来后依然表现茫然，时而会张开双臂希望得到拥抱，时而又倒退，不愿被接近。这是因为，这类婴儿依恋的对象既是他快乐的源泉，也是造成他痛苦的根源，于是对母亲表现出爱恨交织的情感。这种类型的恋人在相处中甜蜜与痛苦参半，在分手的时候往往会做出一些傻事。

心理学家根据多年的实验研究得出结论：母婴关系其实与恋人关

系有着异曲同工之妙，它们之间有着惊人的相似之处。曾经有人称，一旦两个人相爱，心理年龄会立即降到3岁之下，类似于父女或母子关系，即在一起的时候，会产生一种心理上的极大满足，一旦分离，就会造成"分离焦虑"，那种渴望"被无条件接纳"以及希望自己是"最被重视的"的心理需求没有得到满足，类似于婴儿在看见母亲离自己而去的时候所产生的心理情绪。

由此，心理学专家根据这个实验，将恋人之间的关系划分为以下几个类型：安全型依恋关系、逃避型依恋关系、焦虑型依恋关系、紊乱型依恋关系。其中最理想的是安全型的恋人，因为懂得谅解、包容、尊重，就容易相处，也是这四种关系类型中最适合做爱人的。

因此，长大后的孩子在爱情关系中会与对方建立起一种什么样的关系，其实是与他们小时候接受的父母的情感对待方式有很大的关系。

父母对于孩子的教育，尤其是在前三年的教育方式将直接影响到孩子之后的行为及思考方式。心理学家指出，正确的对待方式是"疏导"，而不是"围堵"。也就是说，当孩子遭受情感波折，譬如心爱的玩具被别人抢走了，孩子哭泣不止，妈妈抱起他来哄道："不哭不哭啊，妈妈也知道你很难受，因为妈妈以前也有一个心爱的玩具熊被伙伴拿走了……"但是父亲如果看不下去，对着哭泣的孩子一通训斥："哭什么哭！不就是一个玩具吗？再买就是了。"这样，妈妈所做的就是情感"疏导"，而爸爸所做的就是情感"围堵"。长期接受情感"围堵"的孩子，长大后在恋爱中就很难与对方建立起安全型依恋关系。

1000块拼图里的真爱——安全型恋人让你更幸福

在他与她相爱的第三个年头，她决定离开他，而且要离开这座城市——出国。他没有说一句挽留的话，也没有问她为什么要离开，只是在机场为她送行时，送给了她一盘拼图。他说："这不是一般的拼图，它有整整 1000 块，我并不是要你一次就完成，而是在你想起我的时候拼一块，当你拼完的时候，如果想回来，那么我还在原地等你；如果你不想回来，那我祝福你。"他说这些话的时候已是满眼泪水，她微微动了动嘴角，却没有说什么，然后带着这盘拼图走了。

在离开他的那段时间里，她偶尔会给他打电话，发短信，发几封邮件，两个人的关系是那么淡。他从来不问她几时回，她也不说，他只是在大洋的另一边望着远方的她。

她在国外的第一年，在富士山看樱花。她告诉他拼图才拼了 150 块，因为樱花实在太美，让她无法把时间留给他；她在国外的第二年，白宫的大街上、小路边常常会有她消瘦的倩影，缓慢的步调让她的心也渐渐慢了下来，她开始想他了，拼图拼到了 480 块；第三年，她记起那座柔美的康桥，于是决定去那里，康桥的味道带着浓浓的惜别之情，她的大眼睛也跟着湿润起来，这一年，拼图拼到了 819 块。

而他一直在等着她，朋友们都劝他别再等下去了，再谈一场恋爱。但是他说不，因为他始终相信他会等到她。

到了第四年，电话、短信不再有，邮件也没有了，因为她回来了，并且做了他的妻子。朋友们都很惊讶，曾经那么决绝的她怎么就回来做了他的妻子？她笑着指着家里客厅中的一幅画，"就是因为它"。

远远看去那幅画并没有什么特别的地方，只是用许许多多的小拼块拼凑起来的，而且看上去还灰蒙蒙的，已经失去它原有的意境。朋友自然很不解："有什么特别的地方吗？"她指着画的右下角处——一个繁体的"爱"字，中间有一颗心，鲜艳光亮，崭新的。

原来，那年她在拼到第 999 块的时候，忽然之间怔住了，没有第 1000 块，这幅拼图是无法完成的，她想起那天他在机场所说的话，明白了一切。然后她决定回来，让那颗留在他那里的"心"回到它最佳的位置，补全这幅拼图，成全那颗心，成全他们之间的爱情。

她无疑是幸运的，因为他是懂得爱的人。她需要空间，他成全她，任由她离开自己三四年，并且始终相信等她需要的空间得到了以后，她会更加渴望亲密感，她会自己回来。面对她的离开，他怎么会不想挽留，怎么会不想知道为什么？不是他没有情绪，只是他知道该怎么去处理。他懂事地给她空间，理解她的需要，即使她过分地只考虑着自己的感受，他也会继续爱着她，他的宽容与理解医治了她的伤。

　　两个人在一起相处，最忌讳的就是相持不下，一个需要空间，一个需要亲密感，双方不管青红皂白，也不管对方需要什么，先满足了自己再说。因此，遇到一个能够理解自己的人是多么幸运。

　　故事里的他就是典型的安全型恋人，当周围的人都觉得她已经不值得等待，不值得爱了的时候，但在他那里，她还是一样值得。即使在她不理他、生他气的时候，他还是一样继续爱她。这样的恋人会让对方感觉到被重视、被尊重，并且很有安全感，他的心里有很清晰的边界，在他面前，她可以完全做她自己，而不需要做任何改变，因为他不会要求。如此，爱只会越来越多，越来越满。

冷漠，不会表达的爱——逃避型恋人给的伤

　　在外人眼里，她很坚强、很大度，工作中的人际关系与社会上的波涛汹涌丝毫不会影响她那颗柔软的心。她说："因为我的心不在那儿。"是的，她的心已经被她的丈夫填满了，怎么还会在意那些呢？但是她经常流泪。

　　他是个大大咧咧的男人，不够细心，可是凡事又百般挑剔，生活中似乎除了指责妻子菜咸了、油放多了，再没有什么可说的。有时候家里稍微一乱，他就开始不停地收拾，并且还会把她狠狠地说上一通。这个时候，她除了委屈地流泪，别无选择，有时候也会和他争上几句，

但是每次都会引来他更加汹涌的狂风暴雨般的怒骂。

男人总是冷漠的，下班回到家很少会看她一眼，甚至连句寒暄的话都不会说。他的工作经常有一些应酬，他反而很喜欢，像是满腔的烦闷终于有了发泄的地方，起初他还有点放不开，但是后来他也渐渐习惯，并常常深夜不归。每做成一单生意，他也会像小孩子一样欢欣鼓舞，喜笑颜开，但是酒醒后就像什么都没有发生一般。

她觉得自己的一生也许就要在这样的环境下度过了，谁让她那么爱他呢？当初结婚的时候，明明知道他的挑剔，明明晓得他的变化无常与冷漠。可她还是义无反顾地跟了他。也因为她知道他的好，即使那么少，但是只要有，她就满足了。

然而事情还是无法预料，她在一个雨天出门为即将下班的他送伞，过马路的时候不小心踩到了一个小坑，然后摔倒了。这一摔，她就再也没起来。

他赶到医院的时候，医生告诉他："你的妻子脑出血，抢救过来也可能是植物人了。"他怔住了，站在那里一动不动："她有高血压，我怎么都不知道？"后来他把她接回家，工作也辞了，一心一意在家照看这个他大半生都没正眼瞧过的女人。

某天清早，当他一如既往地早起呼喊她的名字，却听不到她清脆响亮的回应时，厨房里再也没有她为他包好的糯米团时，眼泪在瞬间模糊了他的眼睛，他这才知道自己失去的到底是什么。

故事里的他，在爱情里扮演的是逃避型恋人的角色，在婚姻关系里面，他是典型的逃避者，不敢面对真实的情感、真实的情绪，并且也不知道照顾对方的情绪，脾气暴躁，永远是一副拒人于千里之外的样子，令人很难有亲近感。面对为自己百般付出的爱人，明明很在乎、很感动，却还要摆出一副虚假的高姿态来，不愿意表达自己的情感，培养近距离的亲近感。然而在喝酒之后又是另一番模样，这就很让人怀疑，他一贯的冷漠是不是装出来的，他用冷漠的外表掩盖了内心最需要的东西，或者，习惯了冷漠的他，连自己也不知道心里究竟需要的是什么了。

心理学家分析，这类人很缺乏安全感，他内心需要的东西其实很多，却不愿去正视，只用一种不正常的方式来"满足"。他觉得这个世界上只有自己是最可靠的，他宁愿相信自己，也不愿尝试着去相信别人，他把自己包装得像台万能机器，"人人都不可靠，所以要学会保护自己，不给别人伤害自己的机会"。殊不知，这已经在不知不觉中将他自己和最爱他的人彻底伤害了，当某天爱远离了，他便开始彷徨失措起来，然后才追悔莫及。

逃避型的恋人最怕的，就是平常一直围绕着自己的爱突然之间消失不见，这会是对他的致命打击，使他变得更加无助起来，以前他以为最重要的是不给对方伤害自己的机会，并且始终保持着一颗虚假的自尊心，即使感动，即使有爱也不会有任何情感的流露。而一旦失去之后就完全是两个人，卸下最初的保护壳，独舔伤口。因此，逃避型恋人很难给另一半足够的幸福感，当然，如果另一半懂得与之相处的技巧，幸福也不是不可能拥有的。

爱，不要抓得太紧——焦虑型恋人爱到几分才合适

7月的天空，骄阳似火。男人很早就来到了单位所在的小市区，距离开会的时间还有50多分钟，他不想这么早就把自己丢给工作，于是决定到处走走，放松一下紧绷的心。沿着路边的树荫，他走到了一家美容美发店门口，抬头看了看，又用手拨了拨额头上的碎发，走了进去。就是在这里，他遇见了她。

店里的生意比较好，他坐在那里很久都没有人过来招呼他，后来

她出来了，并亲自为他服务。

她的出现，让他感觉眼前瞬间一片清凉，他在那一刻甚至觉得这也许就是他一直在寻找的"绿荫"。不知不觉中，他们聊了起来，相互有了些了解。原来，她是这家店的老板。听了他的一些事情以后，她不禁对眼前的这个男人有了点不一样的感觉。就是这么短暂的一次相遇，他们竟像相识多年的好友。之后，男人便经常去她那里，相处久了，两人便熟络起来，后来他们相爱了。

刚开始时，她没想过要他给一个什么结果，只当谈了一场恋爱。可时间久了，她发觉自己已经完全陷进去，并且男人那么优秀，每天在公司里都有很多女同事围着他转，每次应酬的时候总是有很多接触美女的机会，她怕时间长了，他就不再属于她。于是她有了和男人结婚的打算，就对男人说想和他结婚，男人自然很吃惊，自己的事业刚刚有点起色，再说结婚也不是一件小事。见男人犹豫了，她便开始哭闹，她说她很在意他，除了他，她什么都不在乎，这一生只在乎他一个。

男人从此活在她的在乎中，她留心男人的一举一动，每次出门前都要问上好几遍男人一天之内所做的事情，然后等男人给出一个确定的回家的时间，才肯放他出门；晚上男人要是没有准时回来，她一定会一直打电话；白天工作的时候，她会在突然想他的时候给他打电话，要是他没接，她就开始胡思乱想，甚至怀疑他是不是在公司和哪个美女在一起；等到男人回家之后，两人就开始争吵……几次折腾之后，男人再也忍受不了了，最初的那一眼清凉消失不见了，男人越来越不想回家，越来越不想见到她。几个星期之后，他向她提出了分手。

她的爱，起初是幸福，像一湾清泉，有甜蜜、有酸涩，但是最后竟变成了一种约束，一种压迫。

因为害怕失去他，所以她才开始那么紧紧地抓住他不放。他那么好，身边的美女又不断，她担心他早晚会被别人抢去，于是越是在意就抓得越紧，她以为这样，男人就可以被她牢牢地抓在手里，但是殊不知，这样只会把他推得越来越远。故事里的她显然是属于焦虑型恋人，越爱就抓得越紧，只有和他在一起才觉得安全，而觉得不安全的时候就不断地追，不断地抓，情绪异常激烈。

有人说过，爱一个人九分才是恰到好处，因为剩下的一分要留给自己；还有人说，爱要六分醉、七分饱，八分都过剩。那么究竟几分的爱才最相宜呢？这是一个难以被破解的谜，更没有一个可供参考的标准答案。因为爱是两个人的事，两个人共同的付出才是一份完整的爱。付出与收获也往往无法成正比，相处的过程中，双方的相处模式也需要一段时间的磨合，彼此适合了才能真正走下去。一个需要自我空间的人，倘若被对方死死地黏着、管着，恐怕再能忍受的人都会有爆发的一天。

因此，对于焦虑型恋人，心理学家认为他们首先应该提高自己的存在感，增强自信心，不能总是想着"别人都比我好"，不能因为自身缺乏安全感，而去过分依恋一个人，否则只会迷失了最真实的自己，在爱情里成为受伤的羔羊。

从不敢到勇敢，都是痛苦——紊乱型恋人该何去何从

她曾经是这座小城里最美的姑娘，学习成绩也出类拔萃。从师大毕业之后，她被分配到小城里仅有的一所中学当钢琴教师。在那个时候的那座小城里，这算是一个不小的轰动，于是她顺理成章地成了众多单身男青年心仪的对象，其中也不乏才貌双全的男子，并且家庭背景也不错。

但是一直孤傲、完美主义的她谁也没看上，因为这么多年来，以学习为重的她已经渐渐养成了特立独行的习惯。还有一个最主要的原

因就是，她曾经在刚上大学时结识过一个男生，那是她第一次决定好好谈一场恋爱，并且是真的很喜欢他。但是关系维持不到一个月，两人就结束了，男生觉得她太独立，她的世界也许根本就不需要他。分手是男生提出来的，她的自尊心受到了严重的打击，在家里整整哭了一个月，发誓从此再也不谈恋爱了。

后来也有很多追求者，但都被她拒之门外。她用似乎波澜不惊的外表掩盖了极为脆弱的内心，每次都像是摇摇欲坠的一片树叶，面临即将掉落的危险，但是她一次又一次地挺了过来。她觉得如果接受了爱情，自己会比现在痛苦一百倍。但是上天不会让一切都这样简单，那天她和最要好的朋友吵架了，两人互相删了所有联系方式。她很难过，夜深人静的时候感觉自己很失败，心底有太多太多的话想要倾吐。她拿着手机，翻开电话簿，一个一个地找，希望找一个放心的人说说话，哪怕这个人并不了解她也没关系，最后手指在一个名字上停住了——一名只有一面之缘的小男生。她一条一条地发着信息，每一条都是满满的文字，那一晚，他们聊了很多，他回复了，并且很认真地安慰她，这是她没有预料到的。

此后，两人就经常联系，她一有心事就会向他倾诉，他也会很理解并且总是恰到好处地给出安慰，有的时候，似乎还有那么一点心疼。她心动了，太久没有这样的感觉了，或者说不敢，而对他，她却一点不设防，她本来以为一个比自己还小的男生是不会怎样的，但是，最后他们相爱了。

她一直假装坚强的心在他面前终于软弱下来，她一贯的骄傲与自尊在他面前也全部不复存在，从此像变了一个人，他的一举一动都会牵动她的心，她的情绪也会跟着他变化。时间长了，他的压力剧增，他像一块铁被她紧紧地吸着，喘不过气来。事实真的如她曾经认为的那样，现在的她虽然有了很多甜蜜，但是痛苦也在逐渐加倍，日复一日。

心理学家认为，紊乱型恋人一般都是从小就受了太多的伤，不知道该怎样去生活，或者是遭受过一段不为人知的伤痛，后来表现为不敢爱，恐惧爱，永远与人保持距离，以此来达到自我保护的目的。但是这样的人不会永远拒绝下去，因为逞强了太久，所以内心比谁都渴望得到依靠，因此一旦接受了一份爱，就会爱得死去活来，对方会成为自己生活的全部，觉得自己是为对方而存在，没有了对方，生命也就没有了意义。在这样的爱情里，对方会被爱紧紧地包裹着，有种窒息的感觉，甚至痛苦多于甜蜜，长此以往，也很难有好的结局。

　　故事里的她就属于紊乱型恋人。她从之前的不敢爱，到后来的勇敢爱，其实这一过程中所需要的勇气只有自己才知道。过去因为不敢爱，而独自承受单身的痛苦，而后来有了另一半，却依然痛苦。人们或许会产生疑问，这样的恋情会长久吗？答案是否定的，因为她不肯做任何改变，假如分手，她会遭受更大的伤害。

　　人的一生并不是只有爱情、只有恋人，因此，可以将爱情视为生活的重要部分，但不要是全部。紊乱型恋人在爱情里受的伤会比一般人多很多，关键就是将对方看得太重，觉得对方只属于自己一个人，是自己存活的支撑点，这样对方早晚会因为承受不了压力而选择离开。所以要放过自己，将目光投向远处，不要只局限在自身的快乐与忧伤里，让自己拥有更多的兴趣爱好，培养更多的精神支柱，淡忘曾经的伤，记住并感恩地看待现在所拥有的一切。温暖而不热烈，淡漠而不冷漠。

和谁在一起才会幸福

　　那个时候他们刚开始谈恋爱，她是个注重细节的女孩，在意心情，在意感觉，稍稍有点被忽视，就会陷入深深的旋涡之中，无法自拔。

他的呵护、疼爱、体贴是她快乐的源泉，也是她痛苦的根本。正因为如此敏感，她才会觉得眼前的人有的时候瞬息万变，捉摸不透，于是他在无形中左右着她的心情、她的情绪，甚至在痛苦的时候，她会认为他从来都没有给过她幸福。

可是日子一直在继续，他无法给她富足的生活，他不高也不帅，更不是什么才子。但是，他会在涨工资、晋升职位时开心地带她去吃大餐；天冷时，他会在人群中紧紧地握住她的小手，并肩行走，相互取暖；天热了，他会体贴地交代她要多喝水；她生病了，他会向单位请假亲自照顾她，直到她康复出院；她难过时，他会及时地送上安慰……这些对一个女孩来说，算是比较温暖了。但是她还是感觉很不安全，常常会有莫名的失落感，毕竟一个男人，大多数时候还是粗心的。但是想想他的好，又让她舍不得，于是面对他的求婚，她没有办法拒绝。

结婚以后，他们起初和他父母住在一起，因为无法很快和他的家人融合，她的失落感越发明显了。但是每到吃饭时，他还是会把她喜欢吃的菜摆在离她最近的地方；朋友聚会的时候，他会坐在她的旁边，给她夹她喜欢吃的菜；在她与家人发生不快的时候，她也从来不会让他为难……后来，他们有了自己的房子，但是经济条件依然不宽裕，家里最值钱的当数那台电视机了，每天两人下班忙完之后就会依偎在一起看电视。他喜欢看比赛，她喜欢看电视剧，她看电视剧时，他会若无其事地待在一边看报纸或书；他看比赛时，她也会静静地待在一边做自己的事。

但是有一段时间，电视机坏了，播放时图像不清晰，还伴有"沙沙"的声音，那晚刚好赶上决赛直播，他不再像以往那样稳重，竟然焦虑起来。她见状，放下手里的书，将电视的天线调来调去。"好了！"她高兴起来。"还是你行！"他兴奋地说。她准备回去继续看书，可是一松手，电视就又变成了原样，她就回去重新调好。一段时间以后，电视画面基本上稳定了，他迫不及待地看着已经错过了开头的比赛，却并没有注意到一边的妻子。比赛结束时，他高兴地一拍手掌："胜利了！"正想和妻子分享心中的喜悦，却见到妻子手里扶着天线，眼睛已经快睁不开了。他拍掌的声音惊醒了妻子，于是手里的天线"啪"一声掉落在地上，电视画面又是一阵颤抖，发出"沙沙"的声音。

很多年以后，他们有了更大的房子，孩子也长大成人，而那台旧电视机一直还保留着，那双曾经为他扶着天线的手，一直都被他牢牢地牵在手里。黄昏的时候，人们经常会见到一对影子在夕阳下缓缓行走，映衬着天边的晚霞，温馨而美好。

这是一对恩爱的夫妻，从恋爱时的痛苦、甜蜜到最后的彼此满足，平凡简单的幸福在他们的身上体现得淋漓尽致。他们的幸福源于他们一直在一起，可是究竟和谁在一起才能真正地幸福呢？

那些在爱情中成功的人以及无数白头到老的例子告诉我们，其实不管最终你和谁在一起，重要的还是要学会珍爱与释放。或许一直匆忙的脚步，让大家只顾着前进，而忽视了身边细微的美好与感动。幸福其实很简单，关键是有一颗体悟与感恩的心，一半珍爱对方，一半珍爱自己，接受的同时不忘付出。

爱情不是一个人努力就可以的，需要双方不断地经营，适时地释放自己的感情，敢于奉献，相互体谅。幸福就是那杯微苦的咖啡，回味香醇，当一切都回归平静之后，才会发觉，原来幸福是如此简单，简单到被很多人忽略了一辈子。

第十二章

怎样经营一份感情

　　如果你拥有了一份感情，有没有想过怎样才能令它更加美丽动人？感情需要经营，就像一株鲜花需要露水的滋润、阳光的照耀一般，否则再娇艳的鲜花也会有凋零的一天。

　　感情不是一味地付出，也不是一味地接受，而是两个人之间的互动。怎样去经营你们的感情？一份完整的爱需要的是什么？该摒弃的又有哪些呢？拥有爱不难，难就难在如何一直拥有它。本章有你不得不读的爱情小故事，不能不懂的爱情心理学。

爱的寓言

起初，上帝创造了人类，并教会了他们怎样生存，以及怎样延续后代。然后上帝说："你们在一起生活吧，一年之后，我再来看你们。"于是留给他们一方土地、一把铲子和一捧种子就离开了。那一年，男人和女人都 22 岁。

一年的时间很快到了，上帝和天使一起来到人间，他们看见男人和女人肩并肩靠在一起，身边熟睡着一个可爱的婴儿，映衬着田地里面黄澄澄的庄稼。天使陶醉了，这是怎样的一种美啊！

上帝问天使："你看见了什么？"天使说："我看见了爱情。"上帝很不满："但是最初我并没有创造什么爱情！人类太自作主张了！"发怒的上帝于是决定惩罚他们："我要让他们自私起来，看看他们到最后还会不会这样满足。7 年之后，我会再来"。

7 年过去了，这一年男人和女人都 30 岁。上帝和天使如期降临人间，当年的婴儿已经满地跑，女人一边择菜一边看着孩子幸福地微笑，她的身边还有一个刚刚两岁的女孩。男人刚从田地里回来，脱下外套，蹲在妻子的面前，和她一起择起菜来，并时而抬头温柔地看着她。

上帝问天使："这是什么？"天使回答："这是谅解。"上帝再次不满了，怎么会有谅解？人类不是自私的吗？于是上帝决定更加严厉地处罚他们："我要让时间在他们的身上留下印记，带走他们的青春和体力，20 年之后，我会再回来"。

20 年之后，上帝果然又来了，这一次，他们看见那对年过半百的夫妻一起坐在门口有一句没一句地聊着什么，旁边是一桌香喷喷的饭菜，年轻英俊的小伙子在田里收割庄稼，他的妹妹则在一旁打下手。那对夫妻不再像从前那样有精神了，头发也花白了，但是在他们的眼睛里有一种更加令天使陶醉的东西。还没等上帝发问，天使就说："我在他们的眼里看见了忠诚，但是我不知道这股力量来自哪里。"

这一次上帝没有很生气，因为他看见了时光果然在他们的身上留下了印迹。于是上帝很干脆地说："他们的时间并不多了，3 年之后，我倒要看看，在生命的终结处，他们还拥有什么！"

3 年后，当上帝再来的时候，男人独自坐在山头上，这时候的他已经白发苍苍，而那个女人——他的妻子，就躺在他对面的那座小小的坟墓里。上帝在他的眼睛里看见了忧伤，但是除了忧伤，还有一种新的东西。

于是上帝又转身询问天使。天使说："记忆。"上帝无法理解，最终掉头离开。而就在不远处，他又看见了一对青年男女，他们的眼里有种熟悉的力量，这个时候，他才明白，人与人之间的那种微妙的感情——爱情，究竟是什么。

上帝创造了人，人在不知不觉中学会了爱，每一个阶段都充满了考验，真正敢于超越的才是真的爱情。刚开始的时候，或许一切都是甜蜜的，双方都沉浸于此，无法自拔，但是时间久了，各自的本性就渐渐表露出来，自私的人们开始为自己着想，埋怨对方为什么总是不顾及自己的感受，矛盾逐渐产生，再加上企图改变对方的欲望越来越强烈，不同的要求不断更新、增加，矛盾愈演愈烈，这也就是很多人都感叹"婚姻是爱情的坟墓"的原因所在。

我们不妨将这个故事里上帝一次次的发难视为爱情中的考验，

二十几岁的时候，初涉爱情与婚姻，面临磨合期间的煎熬，也是一个人完成"完整之我"追寻的艰难历程，上帝又让人自私的本性在这个时期毫无保留地显现出来，原先的甜蜜滋味骤然变成了酸涩苦味，甘愿忍受、包容、坚持的恋人才能真正度过这一段；然后就是人们经常所说的"七年之痒"的考验，只有相互理解并包容才能更好地面对生活中的压力与疲惫，安全地度过这一阶段，夫妻二人才会尝到苦尽甘来的甜头；暮年之时，尽管人已经老去，但是那颗相爱的心还紧紧依偎在一起，那带走青春的匆匆时光并没有让他们损失什么，反而证明了一个亘古以来困惑了世人千百年的问题——原来这就是爱情。

爱的智慧

一个在爱中心力交瘁的女子找到智者，并问智者什么才是爱。智者抬眼望望这位温婉的女子，以及她身边来来往往的人，神情严肃地道："这个世界上，爱恐怕是最难以说清楚的东西了。"

爱有的时候像柔软的摇篮，有时候又暗藏利刃，一不小心就会伤害你；有充满阳刚之气的语调，也有娇羞甜美的孩子气；有的时候令人如痴如醉，有的时候又会狠狠地将你的美梦击碎；会霸道地说"你是我的"，而更多的时候，往往说的是"我是你的"。爱在不知不觉中就深不见底，要想知道它究竟有多深，只有在离别的时候。

"那，相爱着的人们呢？"女子不甘心。

智者笑笑，爱像一座城堡，相爱的人走进去时，往往满面桃花，而走出来时大多已经伤痕累累，没有人知道他们在爱里都经受了什么。

"我要如何让我爱的人走近我呢？"

智者道："保持自我，保留神秘。"

"但是还是不行呢？"

智者叹道："那就放弃他吧。"

"这样我不就是永远地失去了他吗？"女子焦急地问道。

智者再次抬眼看着这位女子说："不曾得到，又怎么会失去？何况，失与得并没有明确的界限，失去或许就是另一种形式的得到也未可知。"

"我曾经很爱一个人，也和他生活了一段时间，但是他无法原谅我所犯下的错误，弃我而去。他说很爱我，但是我怎么相信他是真的爱过我呢？"

智者说："真正爱你的人并不一定就是那个可以百般包容你的人，因为他或许可以接受这个世界上所有的伤害，而唯独不能承受他最爱的人的伤害。很多时候，伤你最深的人就是那个最爱你的人。"

"他抛弃了我，我至今还活在痛苦之中，请告诉我要怎样才能逃离苦海？"女子含泪凝望着智者。

智者闭起了眼睛，叹道："天涯何处无芳草啊！"

"我做不到。"

智者摇摇头，说："那么我可怜你，因为你已经在爱里失去了自我。"

生活中这样的例子比比皆是，对于一个并不懂爱的人来说，永远都会有那么一些疑问横在心间，简单的问题往往变得越来越复杂，最后不断纠结，像滚雪球一样越滚越大，最后超越负荷。而对于懂得爱的人来说，爱就是再寻常不过的生活，简单即是美。

不要去费劲地思索，对方为什么昨天是那样，而今天怎么是这样的，不要去管在爱情中谁付出的多，谁得到的少，因为爱是两个人的事，有得到必有失去，也不要付出你全部的爱，要留下几分给自己，一个连自己都不懂得疼爱的人，要怎样去爱对方呢？倾尽全力去爱一个人的结果就是，当失去他时，你也失去了自己。

有人曾说，爱有多深，恨就有多深。对方伤害了你，你要以十倍的伤去"回敬"，最后两败俱伤，曾经的爱人最后变成了敌人。这也许就是为什么很多人认为，爱情与婚姻是完全不相连的原因之一吧，有了爱并不一定有婚姻，即使有了婚姻也并不一定会永远拥有对方。

面对失去，有的人无法接受现实，甚至还会做出一些傻事，而有的人没有爱情，也照样过完一生。黑格尔曾说："爱情就是你中有我，我中有你。"如此高雅，不受世俗束缚，但是它的发生与消亡也同样不受人控制。因此，一个会爱的人，必然有一颗简单的心，一份宽容与谅解的胸怀，一种爱人爱己的聪慧，一股敢于坦然接受失去、敢于享受孤独的勇气。

最珍贵的财富

结婚时，他并没有钱，但是他们都坚信，只要一起努力，就一定会创造出属于自己的财富。于是，在双方父母都不看好的情况下，两个人举行了简单而温馨的婚礼。婚礼的那天，女孩坐在男孩面前，说："假如以后我们面临危机，互相厌倦了，或者是你很生我的气，请把我送回娘家去，答应我，这个时候，你要允许我带走我认为最珍贵的东西。"男孩笑了，点点头，也暗暗发誓，他绝对不会让那一天到来，但是他还是记住了女孩的话。

结婚后两人都努力地工作，不久之后，艰辛的付出就换得了回报，于是他们更加坚定了奋斗的决心。接着他们就真的变得富裕起来，渐渐地住上了舒适的大房子，欢声笑语不断，因为他们的朋友圈也在不断地扩大。可是当他们独自相处的时候，少了很多以前的甜蜜，反而会为了钱要怎么花和花在什么地方而争吵不休。慢慢地由小吵小闹变成严词厉色，甚至大声叫骂，用语言来伤害对方。

又是一次争吵，他们因为举行宴会时要订哪家酒店以及饭菜的口味而争执。男人大叫道："你一点都不顾及我的感受，你一天到晚只想着怎么省钱，有没有考虑我在朋友面前也是要面子的！"女人瞪他，想要反驳，却被男人接下来的话挡了回去："现在，你可以带着你自己，你的珠宝首饰，你的美丽衣裳回娘家去了。"女人面色苍白，咬了咬嘴唇，停顿了两分钟，然后平静地说："我可以走。但是必须过了今晚，客人们已经请好了，就算是做做样子吧。"

当天晚上，客人们一个接着一个地醉倒了，男人一个劲地喝，最后也醉得不省人事。女人回娘家了，带走了她认为最珍贵的东西。

第二天清晨，男人醒过来，发现周围有点不一样，环视四周，见妻子推门进来了。"这是哪里？"他问她。"这是我的娘家，我带着我最珍贵的东西回来了。"男人瞬间明白了什么，起身拥住瘦小的妻子，眼泪落在她的发间。晚上，他们一起回家了，重新过上了甜蜜的日子。

爱情是很现实的，婚姻更是现实的。两个白手起家的恋人不顾家人反对走到一起，并最终经过打拼过上了相对比较富足的生活。但是随着时间的流逝，也许双方把过多的精力放在了事业上，一心想要努力奋斗，好上加好，忙于应酬交际的同时，双方之间也少了很多沟通、了解的机会，长时间下去误解就会产生，矛盾也会加剧。回首一起走过的日子，才会明白真正爱的人是无法用财富来衡量的，爱更加不是顺应惯常逻辑思维模式来发展的，渴望恒久拥有它的人，必须要时时刻刻懂得理解，及时发现它的细微变化。有人说，爱情需要追求，不是此时此刻你拥有它了，它就会一直属于你，而是需要两个人用心经营。

生活中，这种例子不乏其数，生活需要物质做为保障，但是失去什么都不能让爱流走，只要还有爱，那对方就是你最珍贵的财富。争吵不可避免，但千万不要在最生气的时候做决定，更加不要用言语来伤害对方，爱情让相互珍爱的人们享用一生。

把付出当作一种享受

　　小周是个很帅气的男孩子，一个很偶然的机会，他认识了现在的女友。交往了两个多月，两个人也渐渐确定了恋爱关系。再过两个月就是女友的生日了，小周是个很有想法的男孩，他希望自己陪女友过的第一个生日能给她一个难忘的记忆。想了很多天，他决定用自己省下来的钱为她买一份生日礼物。

　　接下来的日子，他每天早上省掉了吃茶叶蛋的钱，每天中午省掉了一道荤菜的钱，每天晚上也省掉了一瓶可乐的钱。有的时候，如果不是很饿，他还会省下更多的钱，每次看着自己慢慢积攒下来的钱，他心里就万般甜蜜。女友有的时候会看见他自顾自地傻笑，便会问："自个儿乐什么呢？瞧那傻样！"这个时候，他总是会神秘地说："不能说的秘密。"

　　两个月很快过去了，女友的生日到了，这一天他向单位请了假。他心里盘算着，用这一个多月省下来的，再加上工资卡里的一些钱，应该够了。于是他专门跑去手机商城为女友挑选了一款银白色音乐手机。

　　回来的路上，他想象着女友收到礼物时的反应：她一定会异常高兴，上前来给我一个大大的拥抱。这时，他接到女友的电话，说是现在在一家餐馆，朋友们都来了。小周赶了过去，并当场就把礼物送给了女友。但是令他没有想到的是，收到礼物的她并不是他想象中的样子，她只是淡淡地说了一句："以后别乱花钱了噢。"然后就转身继续招呼朋友们了。小周的脸色立即变了，因为他没办法接受这种冷淡，这与他想象中的样子实在相差太大。那天晚上回来后，两人就大吵了一架，最后分手了。

　　俗话说，赠人玫瑰，手留余香。爱情是需要付出的，这并不是说爱情带有某种功利性，恰恰相反，无功利性才可以培育出真正的爱。

一个人在爱中患得患失，总是期待对方为自己付出，总是计较谁付出的比较多、谁付出的比较少，或者是自己付出了一点，就持观望的态度，等待着对方的回应，那么这样的爱迟早是要消亡的。故事里的小周不是不爱女友，只是他对爱抱有太高的期待。付出是一种过程，他在攒钱的过程中不是也享受到了一种美好与甜蜜吗？过分计较结果只会让爱陷入无法挽回的境地。

从另一个角度来说，如果我们把爱对方当作一种很享受的过程，爱的人幸福了、开心了，自己也会跟着一起幸福、开心起来。在真爱面前，或许不存在所谓的付出与回报的问题，有的只是两个人之间的互动，心存感恩地看待一切，心态也就平和了。但是，在你认为自己为对方做出了牺牲，付出了很多的时候，有没有考虑过，这些是不是对方所需要的？是不是能够让对方做出热烈的回应呢？越是成熟的人，就越懂得付出爱，获得的爱也就越圆满。

因此，在爱情里，把付出当作一种享受吧，与其苦苦等待着对方的回应，不如好好地享受这个过程。要知道，人心都是肉长的，你付出了，对方自然是看得见的，你总会得到你想要的幸福。

为爱插上信任的翅膀

小萱和雷诺结婚已经七年，很多人都说婚后七年之痒的坎儿很难过。朋友在一次聚会的时候，开玩笑说："你们这对模范夫妻能经受得住吗？"晚上雷诺回来，与小萱谈起这个问题，她很平静地反问："你觉得会有什么问题吗？""对于别人来说，或许真的是一道坎儿，但是我们的感情固若金汤，怎么能那样容易就被瓦解了？"她幸福地钻进了他的怀里，她也对这份感情深信不疑。

几个星期后，雷诺一个厦门的朋友打来电话，没说几句就开始埋怨他们不够仗义，前几天去厦门竟然不去找他玩。小萱有些愕然："你怎么知道的？"电话那头笑得很狡黠："我亲眼见你们在酒店门口拥抱，还接吻呢，这难道还有假？别忽悠我啦！"她停顿了一分钟，然后道歉。挂了电话之后，她的脸色变得十分惨白，一连串想法在脑子里打转，怪不得他出差这几天电话这么少，怪不得他一反常态：给我带回来这么多贵重物品，怪不得他……她已经不敢再想下去了，仿佛晴天霹雳，想起曾经在一起许下的那些山盟海誓，那些共同经历过的艰辛，小萱泪如雨下。

那天雷诺不在家，小萱哭完之后，立即又恢复了以往的平静，她是理智的，想想朋友的话，她决定找到证据，到时候就算是分开也死心了。那晚雷诺回到家后，看见妻子将他曾经写给她的300余封情书摆在了床头，他一边打趣她小女人，一边去浴室洗澡了，没有说过多的话，小萱很失望。

以后的日子，雷诺还是正常工作，似乎什么也没发生，而小萱每天除了悉心地照料着这个家，忙里忙外，还开始留意起他的手机、身体、衣服。后来她在他的手机里发现了一个署名小慧的女人的短信，内容也不是什么特别肉麻的话，就是一些简单的寒暄。她不语，心中却是一阵纠结。她等着证据确凿的那天，但是又恐惧爱情走到尽头时的心痛。

这样的日子持续了半个多月，那次打电话来的厦门朋友登门拜访，吃午饭的时候，他故意用那种十分狡黠的语气再次试探性地问起了厦门之行。小萱低头不语，想看看雷诺怎么作答。而令她惊讶的是，那个朋友还没等他们开口说话，就笑着喷出了饭。雷诺在一边得意地说："你这小子，竟做这些缺德事，我们好歹七年的感情，怎么会这么不堪一击？"

后来朋友终于说出了事情的真相。原来，那次雷诺的确是去厦门出差了，但是朋友说在酒店门口看见他是假的，这样和她说是因为朋友想知道他们的感情到底坚固到什么程度。说完，朋友一边道歉，一边感慨：真是羡慕你们啊！

小萱的背一阵冷汗，释然的同时，她也深感惭愧，不禁对自己这半个多月的心碎与猜疑羞愧起来。如果不是因为理智，她也许就失去了他。

一份真正的感情是经得起任何考验的，"七年之痒"只是一个说法，是指大多数的夫妻在婚后的第七年，会出现一些很严重的问题，甚至因此而分开。但是，这些很大一部分都是心理作用，有的夫妻明明没有什么问题，在第七个年头也会变得敏感起来，过多地挑剔、猜疑、指责对方，反而打破了一贯的平静生活。小萱无疑是个理智的女子，但是这也没有避免她对雷诺的猜疑，看似深信不疑的爱情，其实两个人都在受一些观念的影响。

实际上，很多爱情、婚姻也许并没有实质上的问题，却总是因为双方缺少了那么一点信任，才让爱失去了方向，上演了一幕幕分分合合、爱恨交织的悲剧。如果还有爱，那就让信任与爱同在吧，为爱插上信任的翅膀，不需要过多的言语，它便会带领你们飞往更加幸福的地方。

偶尔说一些无关痛痒的善意的谎言

和自己最爱的那个人一起步入婚姻的殿堂，是一件令人一辈子都感激的事情。但是命运又很会开玩笑，往往那个可以共度一生的人，不是你最爱的那个人，也不是那个最爱你的人，而是在合适的时间里出现的最适合的那个人。欣月和李子的结合就像是上天的安排，在李子想结婚的年纪，欣月刚好出现。

婚后，欣月像很多妻子一样，喜欢追问丈夫的过去。一天，她突然问起丈夫的初恋来。李子眉头一皱，表示不想说。但是欣月不依不饶，她说她想把自己和初恋的故事说给他听，所以李子也要说。

李子想起那个曾经给过他青涩滋味的女孩，心间不禁泛起一丝酸涩，但还是掩盖不了那股甜蜜。他忽然间也有了倾诉的冲动，于是他细细地讲述了他和初恋的故事，从相识到相知，再到相爱和分开。李子只是沉浸在过往的回忆中，全然忽略了一旁的欣月早已泪眼婆娑。但是听完之后，她并没有和李子又吵又闹，也没有将自己的初恋故事说给丈夫，而是静静地睡去了。

以后的生活依旧平静，她也会偶尔问问丈夫："我和她谁比较可爱？""你们以前有没有一起去过咖啡馆，像我们今天一样？""你还爱吃她给你买的糖葫芦吗？"每次李子都会说："当然是我的欣月最可爱了！""我和她才没有和你一起浪漫呢。""早就不喜欢吃那东西了，现在最爱吃老婆做的菜，可香了！"然后欣月就会露出幸福的笑容。

20年过去了，欣月和李子渐渐养成了在黄昏下散步的习惯，因为那昏黄的夕阳总是让人产生一种时光错觉，促使他们更加珍惜眼前的人。李子想起欣月说过的初恋的故事，于是再次问起来，满脸皱纹的欣月神秘地笑了，说："我和他正在黄昏下散步呢，我们的故事可长可长了。"

两个人的朝夕相处，其实就是两颗不同的心、两种不同的思想的相互撞击、磨合与相融，双方相互理解、信任固然很重要，但是很多时候，幸福要用一颗艺术的心来经营，谎言也是不可缺少的润滑剂，毫无保留地将自己的心袒露给对方，并不一定会得到最好的效果。

生活中很多人都喜欢追根究底，当得知事实真相，又会埋怨对方欺骗了自己，或者在心理上产生不平衡感。所以说在相处中，一些善意的谎言往往可以避免不必要的麻烦，减少负面情绪的产生，也可以增进双方的感情，何乐而不为呢？

过去的事情，就让它消逝在岁月里好了，选择善意的谎言，无疑是一种极为明智的做法，你的思想感情有多成熟，那你的谎言就会有多善意，也许眼前的她已不如往昔美丽，但是你一句不经意的夸赞很可能就是她一天好心情的开始，甚至是一辈子幸福的基础。

如果爱，要表达出来

他和她结婚一年半，最近的半年里小吵小闹变得多起来，有时候隔一天就会吵一次。他也意识到了，于是每次吃饭时总会下意识地将她喜欢吃的菜往她的碗里夹，他是希望用这种方式来表达点什么。她是敏感的，怎么会不知道这其中的变化呢？很早就想和他好好谈谈，或者是像恋爱时去看场电影，然后在回来的路上互诉衷肠。可是日子一天一天过去，两人谁都没有先开口。

一天清早，她像往常一样起床梳洗，准备上班，而他还是赖在床上不肯起来。她急了："快点起床买早餐去！"床上的他不耐烦地嚷道："不吃了，少吃一顿也饿不死。"她依然焦急地催促。他忽然就大叫道："你就知道在镜子前磨蹭，有这时间早饭早就买回来了！""我们说好的，你负责早饭，我负责晚饭，你别想要赖！"他们吵起来，结果他起身穿上衣服，没有洗漱就出门去了。她一把关上门，满肚子的委屈无处发泄，于是就朝着不远处的他喊道："有本事，晚上别回来吃我做的饭！"

下午回家时，她独自坐在窗台前，看着外面天色渐渐暗下去，等待着他的身影的出现，早上的怨气早就消了，她也似乎早已习惯了在这样的时候等候归家的他。想着他不过是晚起了，自己有必要和他这样争吵吗？于是她起身进了厨房，决定为他煲一锅鸡汤。

而他，自从早上出门一直心不在焉，他想打电话给她道歉，又担心遭到她的冷言冷语。刚好晚上单位聚餐，他就去了，并且喝了很多酒，一直到深夜都没回家。

在家里的她想打个电话让他快点回来，又想这样会让他得意。到了凌晨，她躺在沙发上睡着了，外面的他，正骑着电动车往家赶，他脑子里全是她的影子，他想用最快的速度赶回家出现在她的面前。但是一辆拐弯的大卡车从侧面将他撞倒在地，瞬间，他血肉模糊。

接到电话的时候，她还在睡梦中。当噩耗传来时，她瘫倒在地，很久都没有反应过来。

为他办完葬礼，她和好友哭诉："我不是不想让他回家吃饭的，我为他煲了鸡汤一直在等他回来，我准备了一肚子的话想要和他说，结婚这么久，我们还没有像婚前一样说过最甜蜜的话语……"看着泣不成声的她，好友无言以对，只是拿出了那部警方交回的手机，指着屏幕让她看，那是一条保存于20:19的草稿箱里的未发短信：亲爱的，我想回家吃饭，给我做饭。

多年以后，她再为人妻。这一次，她没有了以前的任性，并且还会说一些很甜蜜的话语给他听，重要的是，她再也没有说"别回来吃我做的饭"这样的话了。

这个世界上有多少人因为迟迟不肯把爱说出口，而错失了相爱的机会，错失了与亲密爱人相互沟通的时机，甚至像故事中的他们，失去了终生的幸福。如果她早点给他打个电话，叫他回家吃饭，他或许就不会在外面喝闷酒，悲剧就不会发生；如果他勇敢地给她打个电话，或者将那条编辑好的短信发出去，她肯定会像小孩子一样欢欣鼓舞，告诉他其实自己早就不生气了，并做了一锅鸡汤等着他回家。假如，他们在想和对方谈谈的时候没有犹豫，及时地说出自己埋在心里的爱，那或许是另一种结局。

身陷爱情中的人们总是少了那么一点点表达的勇气，多了那么一点点羞怯，不要以为在一起时间久了，再说一些爱不爱的话语就显得多么矫情，即使是老夫老妻了，也可以赠送红玫瑰，手牵手点亮烛光。要知道，有些爱需要行动证明，但有些爱是需要及时说出来的，心与心的交流发自肺腑，言语的表达也不可或缺。所以，如果你想表达爱的时候，请勇敢地说出来吧，不要给爱留下遗憾。

低下头，看见爱

争吵的时候，她不会大声言语，而是异常冷静，甚至会几天几夜不理他，有的时候他会气得砸墙，但就是舍不得打她一下，她是那样柔弱，他舍不得。冷战后，每次都是他先开口和她说对不起，然后她就像是凯旋的大将军，脸上洋溢着胜利后的得意。

他一直这样娇惯着她，虽然她也知道他把她看得很重，但是在不知不觉中她已经习惯了这一切。后来，她遇见了一个可以给她买奢侈品的男人，进出都有豪华的轿车，她尝到了一直没有体会过的富足的滋味，这是她一直想要的锦衣玉食和平凡中的刺激。

他发现后，提出了分手，她还是异常平静。后来，她找到那个男人，要求他给自己一个名分，但是男人说自己是有家室的人，不能娶她。她冷冷地笑了，在一个无人的角落里，她抱头痛哭。她知道自己走错了路，她把最爱她的人无情地推开了，同时也将自己推进了万丈深渊。哭累了，她突然很怀念他的怀抱，于是一直都不肯低头的她，跑回家去找他，不为别的，只想在他面前亲口说一声对不起。但是那扇门已经封起来，她再也找不到他了。

几年之后，在一个老友的婚礼上，她看见了那张熟悉的脸，只是比想象中苍老了许多。后来她约他见面，站在他的面前，她似乎又变回了那个娇小可人的小女人，只是这一次，她低下了头，并轻轻地说出了那句埋在心里多年的"对不起"。

几个月之后，他们复婚了。婚后的生活，他还是一样地疼爱她，但是在争吵后，她总是会先低下头说对不起。然后就看见满满的爱溢出来。

一种疼爱，一份宽容，一生不离不弃。曾经有人把爱比喻成一根橡皮筋，无论是谁先放手都会伤害到对方。

在爱里如果掺进了欲望的水，它就会变质，失去原有的味道。他原先包容她是因爱她，后来离开她也是因爱她，最后决定和她复婚又何尝不是爱她呢？爱是两个人的事，需要两个人共同努力，一个人永远不能让它获得圆满。

所以，爱是互相的，接受爱的时候，也别忘了给予，让那个不断付出的人也感受到你的爱，争吵时，要懂得谅解，先低头的一方，不是因为软弱，而是因为爱得比较多，也更加懂得爱的含义。

玫瑰与整鸡

浅惜 26 岁生日那天，收到了两份生日礼物，分别是当时正在追求她的两个男生送的。一份是鲜红的大束玫瑰，在一个硕大的精美花篮里，煞是好看；另一份是一只包好的整鸡，似乎是刚刚宰杀过的。浅惜不禁有些不悦，怎么这个年头，还有人在生日的时候送只鸡的，何况自己也不会做啊。

最终她接受了送玫瑰的男生的邀请。那个生日，浅惜就在一大束火红的玫瑰中度过了，温馨而浪漫。第二天晚上下班，浅惜接到一个电话，是送整鸡的男生打来的，他说已经在她的单位楼下了，等着她出来一起走。浅惜不免有点失望，她向往的是浪漫的火红玫瑰，而不是一只鸡。

男生提着一只箱子，一路跟着她来到了她住的单身公寓楼下。两人上楼，进屋，男生打开箱子，里面是一个全新的电饭煲。他说，那只鸡是家养的，是他很早就托朋友从乡下买来的，有营养不说，还能够美容。那天晚上，他为浅惜煲了一锅香浓的鸡汤。

两年后，浅惜搬出了单身公寓楼，带着那个电饭煲，嫁给了那个曾经送她整鸡的男人。而那束装在精美花篮里的火红玫瑰早就凋谢了。

在爱情里能够享受到玫瑰香槟的浪漫是福气，但是如果没有玫瑰香槟，没有浪漫呢？你能说他不爱你吗？在感情的世界里，浪漫的确实可以为爱情升温，一份生日礼物，一顿别样的烛光晚餐，或者是去看场电影，对方都会感激你的细心，你的重视，同时在浪漫的氛围里，你的爱将会淋漓尽致地展现出来。往往一个浪漫的约会就将过去的干戈化为乌有，感情瞬间升值。但是爱情毕竟不是生活的全部，当两个人开始为生活而疲于奔命，为孩子操心，为家庭而忙里忙外的时候，就会发现，玫瑰香槟的浪漫已经不再那么重要了，一颗真正疼爱对方的心，才是为爱保鲜的关键。

一份稳固的感情不是看浪漫有多少，而是看爱能够持续多久，与其追求虚无的浪漫，不如要一份踏实的细水长流。

所以，当你感觉生活索然无味的时候，不要抱怨你的另一半没有持续给你最初的浪漫，如果你想要，大可在生日的时候送一个惊喜，或者一起去看场电影，爱是相互的，只要你们都足够疼爱对方。

婚姻就像一只风筝

有一对老夫老妻，老头牵着线，老婆举着风筝，在微风轻拂的傍晚，一路小跑，放着风筝。他们聊着天，偶尔大笑。周围的人都会投去羡慕的目光，一是觉得老人家的身体如此健朗，二是因为他们看上去就像是一对甜蜜的小恋人。

有一日，一个失意的年轻人走到老人的身边，毫不隐瞒地说明了自己的来意，他说自己因为觉得婚姻中有太多的冲突，结婚几年两人都不快乐，于是选择了离婚。

老人慈祥地看着眼前的这位年轻人，笑而不语。过了一会儿，他找来一只风筝，老伴也一起过来了。

年轻人和老人家打了招呼，感慨地说："其实婚姻就像是一杯酒，酸甜苦辣，百味俱全，一朝醒来，曲终人散。"

老人听后摇摇头，说："婚姻更像是一只风筝。首先，用什么做。竹篾做骨，光硬不行，还要有韧劲。风筝的骨是什么？是爱，不掺杂任何杂质的纯粹的爱。决心做一只风筝了就要做到剔除金钱、权势、地位、美色诱惑，倘若让这些杂质保留，便会成为婚姻的隐患。其次，怎么修饰。要使它怡情、养眼、给人以美的享受，婚姻才更加有魅力，这些修饰或许是一束生日时的玫瑰、一次假日里的旅行、一份意外的惊喜、一个拥抱或亲吻等。再次，怎么放飞。风筝需要放飞，需要飞翔的空间，如果因为害怕失去它而紧紧地将它圈在自己的身边，那么再完美的婚姻迟早也会出现裂痕。但是这个空间也要把握好，更加不能轻易就松开手。最后，怎么加以保养。岁月会让风筝失去它原有的光泽与稳固性，这便需要你适时地加以养护。"

听了老人的话，年轻人的伤感一扫而光，向老人深深鞠躬之后离开了。看着他远去的背影，那么洒脱，也许他已经从中悟到了什么。

相信老人的话也给了你不少的启示，结婚前要有一颗坚决的心，相信可以经营好一份完美的婚姻，就像做风筝前要相信自己可以做好一样，剔除金钱、权势、地位等种种诱惑，不要在婚姻开始前就留下隐患；结婚后不要过快地转变恋爱时的心态，需精心加以滋润，一点一滴去完善，付出并表达你的爱，给对方温暖，给爱情润色，正如制作好了的风筝需要修饰一样，它是什么颜色，裱成什么风格，等等，美丽、怡情、养眼的风筝才令人喜欢。结婚了不是说对方就从此完全属于你了，各自的空间自由还是要保留的，有时候太近了反而会被弹得更远。

　　风筝是属于天空的，放飞它的人牵着一根线，太短，风筝飞不起来；太长，就有断线的危险，适当的空间距离才能使风筝翱翔。当婚姻遭遇问题，甚至让你不得不考虑放手的时候，你需要检查一下问题根源在哪里，而不是索性丢弃。要适时地发现并解决问题，好比一只在天空翱翔久了的风筝，风雨的侵蚀会令它受到损害，你要偶尔看看它的哪个地方松了，然后为它加固，哪里的颜色褪了，要给它润色。这便是一桩婚姻与一只风筝的哲学。